Thea Bauriedl · Das Leben riskieren

Thea Bauriedl

DAS LEBEN RISKIEREN

Psychoanalytische Perspektiven des politischen Widerstands

Piper
München Zürich

ISBN 3-492-03204-4

Gesetzt aus der Garamond-Antiqua
Satz: KSW, Satz + Repro GmbH, München
Druck und Bindung: Clausen & Bosse, Leck
Printed in Germany

Inhalt

Vorwort

»Eine typisch weibliche Theorie... diese Theorie konnte nur eine Frau entwickeln.« Das waren häufige Reaktionen – vor allem von Frauen – auf meine Bücher, Artikel und Vorträge in den letzten Jahren. Und obwohl solche Rückmeldungen sehr positiv gemeint waren, war ich mit dieser Einordnung zunächst nicht einverstanden. Ich fürchtete, daß ich im Trend der feministischen Literatur liegend als eine Autorin mißverstanden wurde, die den bisher »nur« rationalen, objektivistischen Theorien der »machenden« Männer jetzt eine bessere, die emotionale und »friedfertige« Theorie einer Frau entgegenstellen will.

Dieses »Entgegenstellen« wurde mir bei der Lektüre feministischer Autorinnen immer unangenehmer. Mir scheint, daß die feministische Bewegung in Gefahr ist, die bisherige Überhöhung des männlichen Geistes durch eine ebensolche Überhöhung der weiblichen Eigenschaften und Fähigkeiten zu ersetzen. Dabei bleibt unberücksichtigt, daß Wissenschaft, Politik, Wirtschaft usw. zwar bisher vorwiegend von Männern »gemacht« wurden, daß aber die Frauen an der Entstehung und Aufrechterhaltung unserer von Gewalt geprägten Kultur auf ihre Weise beteiligt waren. In der feministischen Literatur wird die Beteiligung der Frauen an der bisherigen Entwicklung zumeist nicht gesehen. Und so entsteht die alte und neue Vorstellung, die Frauen seien bisher von der Macht »unbefleckt« geblieben und müßten jetzt das Ruder übernehmen, um die Welt zu retten. In dieser Vorstellung bleibt die Entwertung zwischen Männern und Frauen aufrechterhalten. Man sieht nicht, daß gerade die gegenseitige Entwertung der Geschlechter eine wesentliche Grundlage der Gewalt in unserer Kultur ist.

Gleichwohl ist dieses Buch und sind meine früheren Bücher natürlich von einer Frau geschrieben, von einer Frau, die sich ganz besonders um die Verbesserung der Beziehungen zwischen den Menschen und vor allem zwischen Frauen und Männern bemüht. Dieses Bemühen ist derzeit bei sehr vielen Frauen zu sehen, was wohl auch die besonders deutliche Resonanz meiner Arbeit gerade bei Frauen erklärt. Für Frauen waren traditionell die zwischenmenschlichen Beziehungen in der Familie wichtiger als die Sachzwänge der »männlichen« Welt. Ihnen wurde von den Männern schon seit langem die Zuständigkeit für Gefühle und die Berechtigung, subjektiv zu empfinden, überlassen oder auch zugeschoben. Sie galten und gelten als die »Experten« für Einfühlung, für Mitleid und Fürsorge – auch in bezug auf den jeweiligen »Feind«. Was Männern auf diesem Gebiet bisher nicht erlaubt war, das durften die Frauen schon lange. Wo Männer gefühllos kämpfen mußten, wenn sie als Mann anerkannt werden wollten, da durften die Frauen »schwach« sein, innerlich sogar eventuell die Fronten wechseln, sich mit dem Feind identifizieren. Allerdings wurde bisher die »Stärke« der Männer für wertvoller, wichtiger oder auch für effektiver gehalten als die sogenannte »Schwäche« der »unsachlichen« Frauen.

Wenn ich nun eine Theorie vorlege, nach der gerade diese bisher als weiblich und damit oft auch als minderwertig geltenden Fähigkeiten für die Politik, ja sogar für den politischen Widerstand wichtig sind, dann bekomme ich dafür zunächst die Zustimmung der Frauen natürlich leichter als diejenige der Männer. Aber die hier vorgelegte neue

Theorie des politischen Widerstands oder der politischen Veränderung richtet sich nicht nur an die Frauen. Ich glaube, daß in der Politik, ähnlich wie in Familien, nur Männer und Frauen *zusammen* so weit kommen können, daß die Männer nicht mehr von den Frauen – als für Gefühle und Familienbeziehungen inkompetent – nach »draußen«, »in den Krieg« geschickt werden und daß die Frauen von den Männern nicht mehr – als für öffentliche Beziehungen inkompetent – »zurück« in die Familie verwiesen werden.

Wenn ich davon ausgehe, daß Frauen und Männer sowohl in ihren privaten Beziehungen als auch im politischen Handeln einander *brauchen*, dann erscheine ich manchen Feministinnen als zu wenig kämpferisch, manchen auf ihre intellektuelle oder ideologische Überlegenheit bauenden Männern als weichlich, idealistisch oder auch naiv. Andererseits sehe ich gerade in den sogenannten neuen sozialen Bewegungen eine wachsende Anzahl von Frauen und Männern, die Persönliches und Politisches und damit auch weibliches und männliches Engagement nicht mehr trennen wollen, die in beiden Bereichen an der persönlichen Auseinandersetzung interessiert sind und die sich dabei an ihren subjektiven Gefühlen orientieren wollen, was die Absolutheit und Objektivität jeder Art von Sachzwängen, auch der ideologischen »Sachzwänge«, in Frage stellt.

Ich versuche in diesem Buch, meine wissenschaftlichen Erkenntnisse über die Veränderung von privaten und politischen Beziehungen in einer Sprache auszudrücken, die für Laien verständlich ist. Manche Fachkollegen mögen mir deshalb Unwissenschaftlichkeit vorwerfen. Ich sehe mich selbst dabei auf der Suche nach einer neuen Art von Wissenschaftlichkeit, die den kritischen Austausch zwischen Fachleuten und Laien und zwischen den Vertretern verschiedener Fachdisziplinen als ein wichtiges Korrektiv für die eigene Forschung begreift.

Ich denke, daß die Frage auftauchen wird, wie eine Psychoanalytikerin dazu kommt, über politischen Widerstand nachzudenken und zu schreiben. Psychoanalyse sei doch eine Methode zur Heilung von psychisch Kranken. Man könne zwar eventuell zugestehen, daß die Welt, insbesondere die Welt der Politik, von psychisch Kranken beherrscht sei, aber gerade diese psychisch kranken Machthaber hätten doch gar kein Interesse an Psychotherapie und noch viel weniger an Psychoanalyse. Dazu möchte ich sagen, daß für mich Psychoanalyse nicht auf die Heilung von psychisch Kranken beschränkt ist. Psychoanalyse ist für mich in erster Linie die Suche nach Wahrheit, nach immer mehr Wahrheit über verdrängte Anteile in der Person, aber auch zwischen den Personen und in der Gesellschaft. Und das Erkennen von bisher verdrängten oder verleugneten Anteilen der Realität hat für den einzelnen wie für die Gesellschaft ein verändertes Verhalten zur Folge.

So geht es mir in diesem Buch vor allem um Aufklärung, um die Erweiterung der Perspektiven, aus denen wir unsere privaten und gesellschaftlichen Beziehungen sehen. Es geht mir darum, Gefahren, Chancen und Entscheidungsstellen bewußt zu machen, die häufig übergangen werden. Manche Leser muß ich enttäuschen, da ich keine Handlungsanweisungen geben kann. Ich höre immer wieder die Bitte oder auch den Vorwurf, ich solle doch endlich konkret werden und sagen, »wie man das macht«, wann zum Beispiel Gewalt im Widerstand berechtigt sei und wann nicht. Ich kann diese Fragen verstehen, aber ich kann sie nicht beantworten, wenn ich die Verantwortlichkeit jedes einzelnen respektieren will.

Wo mehr Realität wahrgenommen wird, wird auch mehr Verantwortung bewußt. Das bewirkt zunächst Verunsicherung, da die Möglichkeit, sich an bisher bekannten Normen zu orientieren, abnimmt. Wenn wir erleben, daß wir *selbst* verantwortlich sind für alles, was wir tun, und auch für alles, was wir unterlassen, dann wünschen wir uns manchmal die Zeit zurück, in der wir dachten, unschuldig bleiben zu können, wenn wir nur gehorsam sind. Wir wünschen uns Führer, die uns sagen, was wir tun sollen, und die uns Rezepte dafür anbieten, wie das zu erreichen ist, was wir erreichen wollen.

Manchen politisch engagierten Mitbürgern scheint »so viel Reflexion« überflüssig, ja hinderlich zu sein, da man schließlich vor lauter Reflexion gar nicht mehr handeln könne. Und manchen Psychoanalytikern mag wohl im Gegensatz dazu mein Interesse am politischen Handeln wie das in der Psychoanalyse so gefürchtete Agieren erscheinen, das das Aufdecken unbewußter Handlungsmotive behindert. Handeln und Reflektieren scheinen sich in beiden Sichtweisen auszuschließen. Ich möchte aber mit diesem Buch dafür plädieren, Handeln und Reflektieren nicht grundsätzlich als zwei Verhaltensweisen zu verstehen, die sich gegenseitig ausschließen. Ich halte prinzipiell beides gleichzeitig für möglich und nur in Verbindung miteinander für sinnvoll. Da kein Mensch es vermeiden kann, sich zu verhalten, auch wenn er nichts tut, halte ich es für dringend erforderlich, daß wir damit beginnen, unser Verhalten, auch und ganz besonders unsere Passivität, als Handeln zu begreifen und die Verantwortung für *jede* Art des Handelns zu übernehmen – in der Psychoanalyse ebenso wie in der Politik.

Politisches Handeln allgemein und politischer Widerstand im besonderen gehen zunächst einmal von Veränderungsimpulsen aus. Veränderungsimpulse sind von persönlichen Interessen getragen, welche Interessen auch immer das jeweils sein mögen. Deshalb geht meine Vorstellung von politischem Widerstand über die enge begriffliche Beschränkung hinaus, die wir bisher im allgemeinen mit diesen Worten verbinden. Es ist mir wichtig, politischen Widerstand nicht auf die Personen und Ideen zu beschränken, die der jeweiligen Regierung widersprechen. Der ewige Kampf zwischen »Oben« und »Unten« wird durch solche dualistischen Phantasien fortgesetzt. Die Gesellschaft braucht in unserem Bewußtsein nicht in zwei sich prinzipiell feindlich gegenüberstehende Lager zu zerfallen, wenn wir *jedem einzelnen* seine eigenen Veränderungsimpulse zur Vertretung seiner persönlichen Interessen zugestehen, also die Vorstellung von politischem Widerstand z.B. auch auf Auseinandersetzungen innerhalb des jeweiligen »Regierungslagers« ausdehnen.

Wenn wir diese *Phantasien* über einen natürlichen Gegensatz zwischen Ordnung und Chaos, zwischen Regierung einerseits und »Widerstand« oder Opposition andererseits aufgeben, dann wird eine neue Unterscheidung wichtig, die Unterscheidung, ob Widerspruch gewaltfrei, d.h. als Konflikt, eingebracht und ausgehalten werden kann oder ob der Widerspruch nur gewalttätig – verbunden mit Vernichtungsphantasien – eingebracht und beantwortet werden kann.

Ob Widerspruch gewalttätig wird, ob Gewalt und Gegengewalt in eine aussichtslose Verklammerung miteinander geraten oder ob die angestrebte Veränderung schrittweise möglich wird, hängt von dem Bewußtsein ab, in dem der Widerspruch eingebracht und aufgenommen wird. Und hier beobachte ich, daß sich in Ost und West ein *Neues Denken* entwickelt. Es wird bewußt, daß Friede nicht mit Gewalt zu erreichen ist und daß deswegen in der Politik nicht nur das inhaltliche *Ziel*, sondern auch der *Weg*, die Methode des Widerstands oder des Widerspruchs, und die Beziehungen zwischen den beteiligten Personen wichtig sind. Dieses »Neue Denken« versuche ich hier aus meiner psychoanalytischen Perspektive darzustellen. Ich meine, daß in ihm Ansätze zu einer besseren politischen Kultur enthalten sind, die auch bessere politische Entscheidungen mit sich bringen können.

Viele Menschen sagen und schreiben mir immer wieder, ich drückte etwas aus, was sie eigentlich selbst auch wüßten, was sie aber bisher nicht so klar ausdrücken konnten. Über diese Rückmeldung freue ich mich sehr, zeigt sie mir doch, daß ich tatsächlich etwas beschreibe, was »in der Luft liegt«. Auch wenn manche Leser den Eindruck haben, ich beschriebe eigentlich gar nichts Neues, so halte ich es doch für wichtig, dieses »allgemein bekannte Neue« deutlich zu formulieren und damit in die öffentliche Diskussion einzubringen.

Ich hoffe, mit meinen Ausführungen dazu beizutragen, daß politischer Widerstand nicht mehr nur als etwas Böses, Chaotisches, bzw. – eventuell nach einem politischen Umschwung – als ein heldenhaftes Opfer von einigen mutigen Märtyrern verstanden wird. In dem sogenannten »Neuen Denken« geht es auch bei uns um Offenheit, es geht um den täglichen persönlichen Mut, nicht »stumm« in einem Trend oder in einem Lager mitzuschwimmen, dessen Gewalttätigkeit man erkannt hat oder erkennen kann. Die allgemeine und überdimensionale Gefährdung unserer Lebenswelt erlaubt es nicht mehr, daß wir anstatt gegen die Gefahr lieber gegen den politischen Feind vorgehen. Die Kultur der Blockbildung hat zu der für uns alle gefährlichen Gewalttätigkeit unserer Gesellschaft geführt. Deshalb ist die Auflösung von Blöcken immer wieder der wichtigste Schritt zur Verbesserung der politischen Kultur und zum Abbau von Gewalt. Die Solidarisierung vieler Menschen, die über Partei- und Blockgrenzen hinweg möglich wird, mit dem gemeinsamen Ziel, lieber das Leben als die Macht zu erhalten, ist ein Schritt, der, wie ich sehe, Frauen oft leichter fällt als Männern. Frauen wagen in letzter Zeit immer häufiger solche »Schritte des Widerstands«, indem sie bekannt machen, was für sie und für ihre Kinder (auch für ihre Männer?) lebensbedrohend ist, und die nicht aufgeben, wenn sie zunächst mit einer abweisenden oder abwertenden Reaktion konfrontiert sind. Auch deswegen finde ich die Zusammenarbeit von Frauen und Männern in der Politik so wichtig.

Wo Veränderungen angestrebt werden, richtet sich der Blick auch auf die unbewußten Wiederholungen der immer gleichen Szenen. Wie oft glauben wir, jetzt alles anders zu machen als früher oder alles anders zu machen als unsere Eltern. Und dann stellt sich bei genauem Hinsehen doch wieder heraus, daß es zumindest in den szenischen Grundprinzipien wieder dasselbe war. Aus diesem Grund habe ich mich im zweiten Teil dieses Buches mit dem Problem der Vergangenheitsbewältigung beschäftigt und mit der Frage, wie sich die Wiederholungen der Gewalt vermeiden lassen. Als ich versuchte, diese Wiederholungen der Gewalt in unserer Gegenwart deutlich zu sehen und zu beschreiben, bekam ich zeitweise Angst. Ich hatte selbst bis dahin die Unbezogenheit zwischen den Menschen, die Grausamkeit und die existentielle Gefährdung in unserer Gesellschaft nie so deutlich gesehen. Aber ich erlebte gleichzeitig, daß der Blick auf die Wiederholungen nicht nur schrecklich ist. Er enthält auch eine Chance. Wenn man erkennt, daß man wiederholt, was in ähnlicher Weise die Eltern und Großeltern schon getan haben, dann entsteht daraus einerseits Verständnis für die Eltern und Großeltern, andererseits aber auch ein Verständnis für die Gefahren, in die man gerät – wie die Eltern und Großeltern. Wer sich selbst prinzipiell für besser hält als seine Eltern, kann diese Wiederholungen und damit auch die in der Wiederholung herbeigeführten und oft sogar gesteigerten Gefahren nicht sehen, in denen er sich befindet.

Die Zuweisung von Schuld an die Eltern oder auch die Entschuldigung der Eltern schützt uns nach meiner Ansicht nicht davor, die Vergangenheit zu wiederholen. Ich sehe in der Schuldzuweisung bzw. in der Entschuldigung vielmehr ein Signal dafür, daß man Angst davor hat, ein schreckliches oder trauriges Ereignis zu erleben oder wiederzuerleben. Schon als kleine Kinder lernen wir, aufkommende Angst durch die Suche nach einem Schuldigen zu verdrängen. Wir schützen uns vor dem Überwältigtwerden durch unsere Gefühle, indem wir uns selbst oder andere beschuldigen oder entschuldigen.

Im letzten Teil dieses Buches habe ich zwanzig Jahre nach dem Erscheinen des Buches über »Die Unfähigkeit zu trauern« von Alexander und Margarete Mitscherlich diese Gedanken wieder aufgegriffen und der These des Ehepaares Mitscherlich, daß durch die Vermeidung von Trauer Schuld- und Schamgefühle unterdrückt werden, meine Thesen hinzugefügt: Wir versuchen, unsere Vergangenheit auch deshalb nicht bewußt werden zu lassen, weil wir fürchten, sie könnte sich wiederholen, wir wären noch einmal dem schrecklichen Erleben von damals ausgeliefert. Doch gerade in dieser ahistorischen Haltung sind wir dem Wiederholungszwang ausgeliefert. Und die zweite These: Die Frage nach der Schuld, die Unterscheidung zwischen Tätern und Opfern, dient der Vermeidung von Angst, Trauer und Ohnmachtsgefühlen. Wer zu Gericht sitzt, ist (scheinbar) nicht Objekt der Gewalt.

Die psychischen Prozesse und ihre politische Bedeutung, die ich in diesem Buch beschreibe, wurden mir zum Teil in Gesprächen bewußt, die ich im Rahmen des Instituts für Politische Psychoanalyse München mit Fachkollegen und Politikern, mit Angehörigen sehr unterschiedlicher Berufsgruppen und nicht zuletzt mit Mitgliedern verschiedener Gruppen aus der Friedens- und Ökologiebewegung geführt habe. Ich danke deshalb allen Gesprächspartnern dafür, daß sie sich ernsthaft mit meinen Gedanken auseinandergesetzt und ihre eigenen Ideen in die Diskussion eingebracht haben.

Ohne die liebevolle und kritische Unterstützung durch meinen Mann, Frieder Wölpert, wäre dieses Buch nicht entstanden. Die sprachliche Form wurde durch die fachkundige und engagierte Durchsicht von Frau Dr. Heidi Bohnet wesentlich verbessert. Bei Frau Renate Dörner vom Piper-

Verlag fand ich auch dieses Mal wieder viel Verständnis für mein Anligen. Frau Hanni Gossler half immer wieder geduldig bei den Schreibarbeiten. Ihnen allen bin ich sehr dankbar.

1. Das Leben riskieren – das Leben gewinnen

Der Gewinn im Verlust

> Denn wer sein Leben erhalten will,
> der wird's verlieren; wer aber sein Leben
> verliert um meinetwillen, der wird's finden.
>
> Matthäus 16, 25
>
> Und setzet ihr nicht das Leben ein,
> Nie wird euch das Leben gewonnen sein.
>
> Schiller, »Wallensteins Lager«

Ohne Risiko keine Chance, das scheinen diese beiden Zitate auszusagen. Und doch ist die Rechnung Risiko = Chance nicht so einfach, wie sie hier zu sein scheint. Schillers Worte aus »Wallensteins Lager« verherrlichen das Soldatenleben und den Krieg in einer Situation, in der den Soldaten der Frieden und damit der Verlust ihrer Macht über die Bauern droht. Jesus meint mit seinen Worten, daß das ewige Leben nur durch Verzicht auf das zeitliche, das »fleischliche« Leben zu gewinnen sei. Er fährt an der zitierten Stelle fort: »Was hülfe es dem Menschen, wenn er die ganze Welt gewönne und nähme doch Schaden an seiner Seele?« (Matthäus 16, 26).

In unserer heutigen Situation können wir weder die militärische Macht, die Zivilbevölkerung zu berauben und zu ermorden, noch ein Versprechen auf das ewige Leben als einen Gewinn ansehen, für den es lohnt, das Leben zu riskieren beziehungsweise auf Triebbedürfnisse zu verzichten. Für uns geht es ums Überleben schlechthin, das nicht mehr durch militärische oder moralische Überlegenheit gesichert werden kann. Und doch scheint mir der Buchtitel »Das Leben riskieren« gerade in seiner Doppeldeutigkeit das auszudrücken, worum es in unserer Zeit geht: um die Vermeidung oder Nichtvermeidung der Angst vor dem Tod und der Angst vor dem Leben.

Das Leben ist nicht ohne den Tod zu haben. Lebendigsein kann man nicht ohne die Wahrnehmung von Gefährdung und Tod. Jeder Versuch, durch Verdrängung von Angst und Gefahr eine künstliche Lebendigkeit zu erzeugen, bringt eine psychische »Totenstarre« bei lebendigem Leibe mit sich und macht es dem derart »lebendigen« Menschen unmöglich, sich für sein Leben und für das seiner Nachkommen einzusetzen. Andererseits können wir besser mit unserem Leben, mit der derzeit so großen Gefährdung unseres Lebens und mit der Gewißheit unseres persönlichen Todes umgehen, wenn wir uns auf unser Leben einlassen, wenn wir es wagen, die Angst und auch die Lust zu erleben, die zu diesem Leben gehören.

Im Gegensatz zur traditionellen Lehre der christlichen Kirchen, nach der der Leib sterben muß, damit der Geist oder die Seele leben kann, wird uns heute klar, daß Leib *und* Seele lebendig sein müssen, wenn wir fähig sein wollen, unser Leben und die Lebensbedingungen der ganzen Menschheit zu erhalten. Leib und Seele bilden kein Gegensatzpaar mehr, bei dem nur einer von beiden, entweder der Leib oder die Seele, auf Kosten des anderen überleben kann. Das schließt jede moralische Haltung, die Forderung, Triebbedürfnisse zugunsten des »ewigen Lebens«, oder persönliche Bedürfnisse zugunsten des Gemeinwohls zu unterdrücken, aus. Auch eine idealistische Trennung und Bewertung des »Seins« gegenüber dem »Haben«, wie Erich Fromm[1] sie propagierte, scheint mir nicht mehr in unser »Neues Denken« zu passen.

Der Verzicht, um den es heute um des gemeinsamen Überlebens willen geht, ist der Verzicht auf Ersatzbefriedigung: Es geht darum, die Erfüllung originärer Lebensbedürfnisse einzufordern. Zu lange haben wir die (Trieb-) Bedürfnisse des Menschen für böse oder doch für die Gemeinschaft schädigend gehalten. Das brachte die Forderung nach Triebverzicht als kultureller Leistung mit sich. Wir verwechselten wie unsere Vorfahren Lebenswünsche mit Ersatzwünschen, das Bedürfnis, *mit* dem anderen zu leben, mit dem Bedürfnis, *gegen* den anderen zu leben.

Das heißt nicht, daß ich behaupte, der Mensch sei »eigentlich gut« im Gegensatz zur und in Umkehrung der These, daß der Mensch eigentlich böse sei und deshalb gezähmt werden müsse. Die Kategorien »Gut« und »Böse« genügen für unsere Problematik nicht mehr. Für uns gilt es zu unterscheiden, ob und wieweit der einzelne Mensch und die Gemeinschaft der Menschen ihr Leben riskieren, im Sinne der Zerstörung von Leben, oder ob sie ihr Leben riskieren, im Sinne der Erhaltung des Lebens. Von diesen beiden Möglichkeiten, die so nahe beieinanderliegen, daß sie mit denselben Worten ausgedrückt werden können (»Das Leben riskieren«), handelt dieses Buch.

Um jedem Verdacht des Idealismus und der Naivität zuvorzukommen, möchte ich deutlich machen, daß ich sehr wohl sehe, wie schwierig es ist, das Leben zu riskieren im Sinne des Erhaltens von eigenem und fremdem Leben. Natürlich leben wir alle in einer sozialen Umwelt, in der eher der (kollektive) Tod als das Leben riskiert wird, weil wir mehr oder weniger unbewußt versuchen, der Angst vor dem persönlichen und vor dem kollektiven Tod durch ein »Ersatzleben« zu entkommen, in dem der Tod scheinbar nicht vorkommt. Der Ausstieg aus diesem Ersatzleben macht den Blick auf den Tod wieder frei, und das macht Angst, nicht nur Lust.

Die Lust am Leben und die Lust am Ersatzleben ist kaum mehr voneinander zu unterscheiden, da sogar die sexuelle Lust individuell und kollektiv zur Ersatzbefriedigung, zur Abwehr von Angst verwendet und kommerzialisiert wird. Für manche Leser mag es deshalb doch den Anschein von Naivität haben, wenn ich mich in diesem Buch auf die Suche nach der originären Lust mache, nach der Lust, die *nicht* die Angst vor dem Leben und die Angst vor dem Tod verdecken hilft. Angesichts der brutalen, »handfesten« Abwehrformen in unserer Gesellschaft scheint es aussichtslos, ja eine utopische Paradiessuche zu sein, wenn man nach den »gesunden« Anteilen des Menschen und der menschlichen Gemeinschaft sucht. Und doch bin ich der Meinung, daß man ein unrealistisches Weltbild hat, wenn man nur die Betondecke sieht und nicht die Grashalme oder Graswurzeln, die sie bedeckt.

Für jeden von uns stellt sich in jedem Moment die Frage, ob er mit der Sicherheit und Zufriedenheit durch »Beton« leben oder ob er sich auf die Sicherheit und Zufriedenheit des »Grases« verlassen will, das immer noch, wenn auch sehr kümmerlich, unter dem »Beton« lebt. Zum Glück steht nach unserem heutigen Weltbild das Realitätsprinzip dem Lustprinzip nicht mehr entgegen. Die noch Freuds Theorie weitgehend bestimmende Vorstellung aus dem ausgehenden 19. und beginnenden 20. Jahrhundert, daß das Lustprinzip durch die Anpassung an die Realität – im Sinne der Einschränkung von Lust – aufgegeben werden müsse, scheint sich aufzulösen. Wir sehen jetzt, daß der Verzicht auf Lebendigkeit eben nicht ein besseres und sichereres Leben garantiert. Jeder Verzicht auf Lebendigkeit, im Bild die Totenstarre bei lebendigem Leib oder der Beton über dem Gras, bringt *weniger* Sicherheit und hat auch mit größerer Realitätsbezogenheit nichts zu tun.

Dem Realitätsprinzip zu folgen bedeutet heute, die eigenen und die fremden Bedürfnisse (die Lebensbedürfnisse des

»Grases«) wahrzunehmen. Aber zur Realität gehören auch die eigene und die fremde Angst vor diesen Bedürfnissen und die daraus folgenden Versuche, entweder die Bedürfnisse oder die Angst oder beides zu verdrängen und Ersatzbedürfnisse (»Beton«) durchzusetzen. Ein solche realistische Wahrnehmung der eigenen Person und der Beziehungen, in denen man steht, führt unweigerlich in Konflikte. Hier wird deutlich, daß es sich bei diesem »Neuen Denken« nicht um einen naiven Pazifismus handelt, sondern um eine sehr bewußte Form der Auseinandersetzung, die allerdings Krieg und Zerstörung zu vermeiden versucht. Die neue Perspektive, die immer schon als ein wesentliches Element im psychoanalytischen Denken enthalten war, besteht darin, daß die Wahrnehmung und der Ausdruck eigener Lebensbedürfnisse und das Durchstehen der daraus sich ergebenden psychosozialen Konflikte nicht zur Zerstörung des anderen führen, sondern zur Verbesserung der Beziehungen und damit zur Verbesserung der Lebensbedingungen jedes einzelnen.

d.h. mehr Wahrheit und Offenheit führt zu mehr menschlicher Nähe

Der Verzicht, um den es heute geht, ist der Verzicht auf den »Beton». Wir haben uns so sehr an die »Sicherheit durch Beton« gewöhnt, daß wir unsere Unzufriedenheit mit dem »Beton« vor allem in unseren sozialen Beziehungen nur sehr langsam entdecken. Zudem ist die Angst vor dem Verlust der »Betonsicherheit» so groß, daß wir uns im Konfliktfall doch lieber schnell wieder »einbetonieren« und es nicht riskieren, als »Gras« unter den harten Schritten des anderen zu leiden. Das kann ja im Einzelfall auch sehr realitätsbezogen sein. Es scheint mir nur wichtig, immer auch zu verstehen, daß unsere Angst und das »Uns-Einbetonieren« nicht nur die Folge der »Betonschritte« des oder der anderen sind, sondern auch die Folge unserer eigenen Angst und unserer persönlichen Art, uns in Sicherheit zu bringen.

Keine Moral wird uns dazu veranlassen können, auf die »Betonsicherheit« zu verzichten, wenn wir in diesem Verzicht nicht gleichzeitig den Gewinn zunehmender Lebendigkeit, Zufriedenheit und letztlich auch echter Sicherheit sehen können. Askese ist zumeist nur eine veränderte Form von »Beton«, die dem Asketen die Ersatzbefriedigung moralischer Überlegenheit bringt und der Umwelt ein schlechtes Gewissen macht.

Der Gewinn beim Verlust der »Betonsicherheit« ist Genuß, nicht Askese. Wie echte sexuelle Befriedigung kann solcher Genuß weder vorgeschrieben noch geplant werden. Er ist auch ohne Verunsicherung nicht zu erreichen. »Neues Denken« in diesem Sinne kann nicht verordnet werden, weder von oben noch von unten. Wie das Gras wächst und entwickelt es sich von selbst, wo immer es sich entwickeln kann, und jeder einzelne kann versuchen, ein wenig von dieser Entwicklung für sich selbst aufzugreifen, an der Stelle, an der er sich im gesellschaftlichen Gefüge befindet.

Das Leben läuft ab

Für den einzelnen bedeutet das, daß er sich auf seine reale Abhängigkeit einläßt; er erlebt wieder, daß sein Leben darin besteht, daß es abläuft. Wenn es nicht mehr abläuft, wenn es sich nicht mehr dem Ende nähert, dann *ist* es nicht mehr. Diese Erkenntnis haben wir zumeist aus unserem Bewußtsein ausgeschlossen. Wir leben statt dessen auf Ziele hin, auf Erfolg und Leistung, auf eine bessere Zukunft, und wir vergessen gleichzeitig, daß wir *jetzt* leben, daß *jetzt* unser Leben abläuft. Trotz aller Bemühungen werden wir nie Herr über das Leben sein. Den Tod können wir machen, das Leben nicht. Das Leben können wir nur unterstützen und fördern oder zerstören. In dem Maße, wie wir versuchen, das Leben zu machen bzw. zu kontrollieren, zerstören wir es. Unser Leben und Sterben geschieht, es ereignet sich so, wie es sich ereignet, auch wenn wir meinen, dieses Geschehen durch Nicht-Wahrnehmung verhindern zu können.

In Wirklichkeit leben wir in der ständigen Gefahr nicht nur unseres persönlichen Todes, sondern auch des kollektiven Todes. Aber wir halten es zumeist nicht aus, diese Gefahr als einen Teil unseres Lebens wirklich zu erleben. Wir versuchen, diesem Erleben unseres Gefährdetseins zu entkommen, indem wir unsere (politischen) Gegner verteufeln und uns ihnen gegenüber für ohnmächtig erklären. Manche neuen Religionen bieten auch an, »geistige« Inhalte von der äußeren Realität zu trennen. Solche Nischen für weltfremde Phantasien machen die Konfliktvermeidung ebenso möglich wie die »Religion« der Hochrüstung und des Krieges. Jeder Wahn dient zur Vermeidung von Konflikten und damit auch zur Vermeidung von Realität. Und der Realitätsverlust bringt die Gefährdung mit sich, eben *die* Gefährdung, deren Nicht-Wahrnehmung wiederum den Realitätsverlust bedingt.

Aus diesem Circulus vitiosus kann man nur aussteigen, wenn man die Illusion aufgibt, auf ein Ziel hinzuleben, eine Leistung erbringen, einen besseren Zustand herstellen zu müssen. Wenn ich mir nicht ständig bessere (Soll-) Zustände vorstelle, die ich erreichen oder herstellen muß, dann merke ich, daß ich *jetzt* lebe und später sterbe. Wenn man die Leistungsorientierung mit ihren vielfältigen Implikationen fallen läßt, riskiert man das Bewußtsein des Lebens und des Sterbens gleichzeitig. Man riskiert die Erkenntnis, daß man sich in einem ständigen Veränderungsprozeß befindet. Aber man gewinnt dabei auch die Sicht auf die vielen kleinen Veränderungsschritte, die in jedem Moment möglich sind. Man sieht die Möglichkeit, Schritte, die man gestern nicht getan hat, heute zu tun. Sehr oft ist es heute noch nicht zu spät. Schritte zur Erhaltung des Lebens kann man erst dann nicht mehr tun, wenn man tot ist. Natürlich meine ich hier nicht die Erhaltung des biologischen Lebens, sondern die Erhaltung der Lebendigkeit im Gegensatz zur »Totenstarre bei lebendigem Leib«. Und hier nähert sich mein Denken doch wieder dem oben zitierten Jesus-Wort: »Was hülfe es dem Menschen, wenn er die ganze Welt gewönne und nähme doch Schaden an seiner Seele?« Wenn mit Seele Lebendigkeit gemeint ist und nicht ein Gegensatz zur Leiblichkeit, dann kann ich auch heute noch den revolutionären Gehalt der christlichen Botschaft uneingeschränkt übernehmen.

Wenn ich mich selbst verstehe als einen Menschen, der sich in einem ständigen Prozeß befindet, jederzeit abhängig von den Prozessen und Situationen seiner Umwelt und jederzeit beteiligt an allen Veränderungen und Nichtveränderungen in dieser Welt, dann nehmen in gleichem Maße meine irrealen Größenphantasien ab und auch meine ebenso irrealen Ohnmachtsphantasien. Ich sehe dann nicht nur den Punkt, an dem ich stehe, und nicht nur das Ziel, auf das ich zustrebe; ich sehe den Weg, den ich in meinem Leben zurücklege, den Ablauf meines Lebens. Das ermöglicht mir Rück-Sicht und Vor-Sicht. Denn je mehr ich meine Zeitlichkeit und meine zeitliche Beschränktheit verleugne, desto mehr bin ich von kurzfristigen Ersatzbefriedigungen abhängig, die alle nur auf Kosten von Vorsicht und Rücksicht möglich sind.

Warum aber macht es dann soviel Angst, das Leben zu riskieren? Ist nicht der Gewinn viel größer als der Verlust? Warum müssen wir unser Leben so weitgehend kontrollieren und überwachen und es dadurch zerstören? Warum verlieren wir so viel Kraft im Kampf gegen uns selbst und gegen andere, Kraft, die wir auch *für* das Leben einsetzen könnten? Oft können wir gar nicht verstehen, daß uns das Leben Angst macht. Wir glauben immer, daß wir nur Angst vor dem Tod haben. Wir glauben, daß alle unsere Anstrengungen und Vermeidungen dazu dienen, Frustrationen zu vermeiden, und können uns nicht vorstellen, daß uns auch Nähe und Lust Angst machen, wenn sie über das Maß dessen hinausgehen, was wir zuzulassen gewöhnt sind.

Bei der Beantwortung dieser Fragen hilft mir die Vorstellung, daß unsere Angst vor dem Leben immer eine Angst vor dem Leben *und* vor dem Tod ist, da in Wirklichkeit Leben und Tod nicht voneinander zu trennen sind. Wir trennen aber beides und leben in dem Bewußtsein, daß wir dann glücklich und zufrieden leben, wenn wir erfolgreich gegen alles Negative, gegen Mißerfolg, Frustrationen, Krankheiten, Leiden und in unserer Phantasie auch gegen den Tod zu Felde ziehen. Wir teilen das Leben also in zwei Teile, versuchen davon nur den »guten« Teil zu akzeptieren und den »schlechten« zu vermeiden. Diese Notwendigkeit, zwischen Gutem und Schlechtem zu trennen, beruht auf unserer Angst vor der Überschwemmung durch »Paradieswünsche«. Solche Paradieswünsche sind zum Beispiel der Wunsch nach der totalen Versorgung, nach der totalen Befriedigung oder auch nach der totalen Vereinigung. Doch andererseits macht die Totalität dieser Wünsche auch Angst, denn sie impliziert immer den Verlust der eigenen Grenzen, den Verlust des eigenen Ich.

Zur Abwehr dieser Angst vor den totalen Wünschen beginnen wir zu planen. Und wir planen das Paradies, das uns ungeplant so viel Angst macht. Aber das geplante Paradies ist die Hölle. Anstelle des Lebens, das Befriedigung *und* Frustration, Sicherheit *und* Unsicherheit enthält, wollen wir das Paradies und produzieren uns selbst und anderen dadurch die »Hölle«, also genau das, was wir zu vermeiden trachten: die Gefahr, den Krieg, die Unzufriedenheit, die Einsamkeit, den Untergang. Ein Ausstieg aus diesem zweiten Circulus vitiosus scheint mir nur möglich zu sein in dem Bewußtsein, daß das Leben abläuft. In diesem Erleben des Ablaufs sind beide Seiten des Lebens untrennbar miteinander verbunden: die

Chance, sich am Leben zu freuen, und das sichere Bewußtsein der ständigen Annäherung an den Tod.

Die zwei Fragen

Wie sieht das »Neue Denken« in unseren zwischenmenschlichen Beziehungen aus?

Ich habe die Erfahrung gemacht, daß in jeder Beziehung und zu jeder Zeit grundsätzlich zwei einander ausschließende Fragen gestellt werden können. Die erste Frage ist die Frage nach der Macht: »Wer ist stärker?«; die zweite ist die Frage nach dem Leben: »Wie können wir miteinander zufrieden werden?« Diese beiden Fragen kennzeichnen die Qualität zwischenmenschlicher Beziehungen. In jeder Beziehung kommen immer beide Fragen vor. Je häufiger und intensiver die erste Frage, die Frage nach der Macht, gestellt wird, desto schlechter, unbefriedigender und gefährlicher ist die Beziehung.

Wird die erste Frage gestellt, dann geht man in diesem Moment in dieser Beziehung davon aus, daß jeder nur *gegen* den anderen leben oder überleben kann. Es herrschen die Gesetze des Nullsummenspiels: Was der eine bekommt, geht dem anderen verloren. Die Abhängigkeit zwischen den beiden Personen oder Lagern wird nur einseitig gesehen. Wer den anderen unterdrücken und ausbeuten kann, ist der Sieger. Von ihm hängt der andere ab und nicht umgekehrt. Natürlich versucht jeder der beiden, dieser einseitigen Abhängigkeit, die dann Unterlegenheit bedeutet, zu entkommen. Das kann er nach dem Prinzip des Nullsummenspiels nur dadurch, daß er selbst der Stärkere wird und den anderen von sich abhängig macht, ihn seinerseits unterdrückt und ausbeutet.

Wird die zweite Frage gestellt, dann geht man in diesem Moment in dieser Beziehung davon aus, daß beide nur *miteinander* leben und überleben können. Die Gesetze des Nullsummenspiels gelten dann nicht. Statt dessen wird die Gegenseitigkeit der Abhängigkeit gesehen: Was gegen dich ist, ist auch gegen mich, was du verlierst, geht auch mir verloren, was ich gewinne, hast auch du gewonnen. Die Sorge für die eigene Sicherheit und Zufriedenheit schließt die Sorge für die Sicherheit und Zufriedenheit des anderen ein. Das mag nach Urchristentum und utopischem Sozialismus klingen. Eine Utopie ist es wohl, aber doch eine Utopie, die stellenweise schon verwirklicht ist oder verwirklicht wird und die prinzipiell auch an anderen Stellen zu verwirklichen wäre.

Die zweite Frage, die Frage nach dem Leben, wird ständig in allen unseren Beziehungen gestellt, wenn auch die Frage nach der Macht zumeist zu überwiegen scheint. Kein Kind könnte überleben, wenn nicht die Mutter wenigstens teilweise in der Beziehung zu ihm die Frage nach dem Leben stellen würde. Keine Partnerbeziehung würde eingegangen, wenn nicht die Partner die Ursehnsucht hätten – und zumindest zu Beginn der Beziehung auch realisieren würden –, die Sehnsucht nach der Frage des Lebens: »Wie können wir miteinander zufrieden werden?« Und selbst in der sogenannten großen Politik sind immer wieder Stellen zu finden, an denen Politiker versuchen, oder zumindest ihre Sehnsucht danach erkennen lassen, ein wirkliches Miteinander möglich zu machen und – schon aus Gründen der eigenen Psychohygiene – auf das ständige Gegeneinander zu verzichten. Die Tatsache, daß unsere Welt überwiegend von der Machtfrage beherrscht wird, ist kein Beweis dafür, daß die Frage nach dem Leben gar nicht existiert.

Nun ist die zweite Frage die typische Frage des »Neuen Denkens«, wie es derzeit auch in der Sowjetunion unter Michail Gorbatschow propagiert wird. Ich habe den Eindruck, daß dieses »Neue Denken« gar nicht neu ist. Es existiert als Möglichkeit, seitdem es Menschen gibt. Die Politik, insbesondere die Außenpolitik, hat sich wohl zumeist an der Machtfrage orientiert, weil in den jeweiligen Außenbeziehungen die Konflikte in Form von Bedrohung und Krieg abgehandelt werden, die im Inneren der jeweiligen Gruppe oder des jeweiligen Volkes nicht ausgetragen werden können. Durch die Entwicklung von Waffen, die nicht mehr nur dem Feind gefährlich werden, sondern in fast gleichem Maße der eigenen Bevölkerung schaden, wurde uns auch in der Außenpolitik das »Neue Denken«, die Frage nach dem Leben, quasi aufgedrängt. Um selbst zu überleben, müssen wir uns jetzt um die Überlebenschancen der jeweiligen Gegner sorgen. In der Innenpolitik existieren diese Waffen noch nicht, so kann man dort noch *scheinbar* ohne Nachteil für den Starken von der Machtfrage ausgehen.

Für die große und die kleine Politik ist es interessant zu verstehen, an welchen Stellen und aus welchem Grund die eine Frage in die andere übergeht, weshalb Beziehungen, die doch grundsätzlich und für beide Teile besser unter der Frage nach dem Miteinander stehen würden, immer wieder zur Machtbeziehung entarten. Im Gegensatz zu der üblichen Meinung, daß der Mensch eben so sei, ein wildes und machtgieriges Tier, und daß diese seine Natur eben immer von neuem durchbreche, bin ich der Auffassung, daß die Gewalt in zwischenmenschlichen Beziehungen, sei sie psychischer, materieller oder auch körperlicher Natur, immer auf Angst zurückzuführen ist. Die verschiedenen Formen der Angst, die dazu führen, daß bewußt oder unbewußt die Machtfrage gestellt wird, werde ich in diesem Buch zu beschreiben versuchen. Hier möchte ich sagen, daß jedem Mord in gewissem Sinne ein (psychischer) Selbstmord vorausgeht. Nur (psychisch) Tote töten. Das Beziehungsprinzip des Entweder-du-oder-ich tötet immer beide, auch wenn es von beiden zur Abwehr von Angst eingesetzt wird.

Der Übergang in die andere Richtung, von der Machtfrage zur Frage: »Wie können wir miteinander zufrieden werden?«, hat andere Ursachen. Auch hier geht es um Angst, aber um die *vor* dem Selbstmord und *vor* dem Mord. Sobald einem in einer Beziehung bewußt wird, daß man voneinander abhängig ist, wenn man wirklich zufrieden werden will, und sobald einem diese gegenseitige Abhängigkeit weniger Angst macht als die phantasierte und mit Unterlegenheit gleichgesetzte einseitige Abhängigkeit, hat man keinen Grund mehr, den anderen zu schädigen, um sich selbst zu retten. Man kann sich ja dann nur noch retten, indem man den anderen rettet.

Und wieder fürchte ich, daß meine Überlegungen als eine billige Predigt für den Altruismus und damit als neue und alte Ideologie mißverstanden werden. Um diesem Mißverständnis, so gut es geht, vorzubeugen, muß ich mich mit den Prinzipien des moralischen Machtkampfes beschäftigen. Der moralische Machtkampf sieht in der altruistischen Opferhaltung der Beteiligten dem von mir gemeinten »Miteinander« oft ähnlich, ist aber beziehungsanalytisch gesehen das Gegenteil, eben ein Machtkampf. Hier ist das Nullsummenspiel nicht aufgehoben: Wenn ich etwas für den anderen tue, dann erwarte ich natürlich, daß er auch etwas für mich tut. Wenn ich vom anderen gequält, verletzt oder auf irgendeine andere Weise schlecht behandelt wurde, dann verwende ich das zur Aufrechnung, zur Legitimation meiner Ansprüche gegen ihn. Auch und gerade viele »christliche« Beziehungen oder Taten der »Nächstenliebe« haben diesen kapitalistischen oder merkantilen Hintergrund. Die Sorge für den anderen geschieht nicht zur eigenen Befriedigung, sondern zur Ansammlung von moralischen »Gutscheinen«, die dann spätestens im Himmel vorgelegt werden sollen, aber psychisch immer auch schon auf Erden als Erpressungsmittel im

Nullsummenspiel dienen. Da man glaubt, der eine könne auf Kosten des anderen leben und zufrieden werden, versucht man entweder (im moralischen Machtkampf) sich selbst etwas anzutun oder antun zu lassen oder (im offenen Machtkampf) dem anderen etwas anzutun. Jedesmal geht es um den Gewinn der überlegenen Position, darum, wer stärker ist.

Der wirkliche Ausstieg aus dem Machtkampf geschieht unter der Erkenntnis, daß das Leben *miteinander* zu riskieren immer einen *doppelten Vorteil* bringt. Es macht zufriedener und verbraucht weniger Kraft. In der Außenpolitik ist die Kraftersparnis bei Abrüstungsschritten deutlich erkennbar ebenso wie die Verringerung der Angst bei verminderter Kriegsgefahr. Aber auch in der Wirtschaft wird allmählich der doppelte Vorteil erkennbar. Wenn wir uns umweltschonender verhalten, wird volkswirtschaftlich auf lange Zeit gesehen viel Kraft und Geld gespart, und wir brauchen weniger Angst vor ökologischen Katastrophen zu haben. In privaten Beziehungen kann man diesen Übergang ebenfalls immer wieder beobachten: Einer von zwei im Machtkampf miteinander befindlichen Partnern bemerkt plötzlich, daß er selbst davon profitieren kann, wenn er z.B. die Vorwurfshaltung dem anderen gegenüber verläßt. Er stellt seinen stummen oder auch lauten Vorwurf zur Disposition, läßt sich auf den Konflikt mit dem anderen ein und kommt ihm dadurch nahe. Das erspart ihm die Anstrengung des weiteren Kampfes und macht ihn zufrieden, während er vorher nur von der Ersatzbefriedigung der Überlegenheit (im moralischen oder im direkten, materiellen oder körperlichen Sinn) über den anderen leben konnte.

Dieser doppelte Vorteil der Kraftersparnis und der zunehmenden Befriedigung wird deshalb zumeist nicht gesehen und ergriffen, weil der Verlust der Sicherheit durch Macht zuviel Angst macht. Das ist allerdings der einzige Verzicht, der jeweils zu leisten ist, wenn man im Austausch und vom Austausch leben will. Menschen, denen diese dialogische Beziehungsform leichter fällt als anderen, sind nicht bessere Menschen, aber sie sind vielleicht freiere und glücklichere Menschen.

Freilich haben wir alle das Nullsummenspiel nicht nur von unserer Kindheit an gelernt und halten es deshalb zumeist für die sicherste Beziehungsmöglichkeit; wir befinden uns auch in einer sozialen Umwelt, deren Strukturen dem Nullsummenspiel folgen. Am deutlichsten ist das in unserem sogenannten demokratischen System erkennbar, das im Grundprinzip auf dem ständigen Machtkampf zwischen Regierung und Opposition beruht. Durch die freie Wahl, die als Kennzeichen der Demokratie gilt, kann der Bürger eigentlich immer nur eine Partei gegen die anderen stärken. Er hat keinen direkten Einfluß darauf, daß die Parteien und ihre Vertreter *miteinander* und nicht gegeneinander arbeiten, obwohl das der Wunsch vieler Bürger wäre. Er kann nur versuchen, in seinen politischen Beziehungen selbst nicht das Nullsummenspiel zu betreiben, und er kann versuchen, selbst nicht zu glauben, daß er selbstverständlich ohnmächtig ist, solange die anderen mächtig sind, und daß er deshalb in stummer Ohnmacht die Rolle des gehorsamen Untertanen zu spielen hat.

Alle Formen der strukturellen Gewalt sind bereitgestellte Waffen für den Krieg der einen gegen die anderen. Es ist wichtig, die Bedrohlichkeit dieser politischen, ökonomischen, juristischen oder auch moralischen Waffen nicht zu übersehen. Wir verstehen sonst die Angst nicht, die uns und andere befällt, wenn wir uns ohne den Schutz der Regeln der strukturellen Gewalt zu bewegen versuchen. Die expliziten und impliziten Regeln unserer Gesellschaft bieten vielfältige Möglichkeiten, einen Menschen oder eine Gruppe von Menschen zu unterdrücken, mit denen man nicht oder nicht mehr befriedigend zusammenleben kann oder will. Hier wird es wohl in der nächsten Zeit darauf ankommen, in den verschiedenen Politikfeldern immer deutlicher den doppelten Vorteil des Miteinander herauszustellen. Dieses Miteinander bedeutet ja nicht Unterordnung, sondern offene Auseinandersetzung. Es bedeutet allerdings, auf das scheinbar selbstverständliche Recht des Stärkeren, des Inhabers der strukturellen Gewalt, wenigstens schrittweise zu verzichten. Dieses Recht des Stärkeren, sei es des wirtschaftlich Stärkeren oder des juristisch, politisch oder auch moralisch Stärkeren, ist für uns alle so selbstverständlich, daß wir die Vorstellung, im hier beschriebenen Sinn auf die »sprachlose (strukturelle) Gewalt« zu verzichten und uns einem Konflikt zu stellen, zumeist für ausgeschlossen oder auch für abwegig halten.

Damit dieser Gewaltverzicht im weitesten Sinn möglich wird, müßte sich in unserem kollektiven politischen Bewußtsein Grundsätzliches verändern. Es wäre dann nicht mehr der Sieg über den anderen oder über die andere Partei als Erfolg eines Politikers zu betrachten, sondern seine Fähigkeit, seine Beziehungen in allen Richtungen zu *verbessern.* Diese Art von Fähigkeit oder von Erfolg wird bisher bei uns noch nicht hoch genug bewertet. Wir verhalten uns zumeist eher wie Fußballfans, die jubeln, wenn ihre Mannschaft gesiegt hat, gleichgültig auf welche Weise ihr die möglichst totale Demütigung der anderen Mannschaft gelungen ist. Unsere Demokratie funktioniert nach dem Totschlagsprinzip – wie auch die meisten unserer sportlichen Spiele und wie die meisten der »Gesellschaftsspiele«, in denen wir schon unsere Kinder darauf »abrichten« zu glauben, der Erfolg und damit das Glück bestünden darin, daß der Spielpartner besiegt wird.

Die Vorstellung von solchen Bewußtseinsveränderungen mag naiv erscheinen. Ich allerdings halte die Vorstellung für naiv, *ohne* eine solche Bewußtseinsveränderung, mit den

Mitteln der bisher schon gegebenen strukturellen und militärischen Gewalt einen Weg aus den uns drohenden existentiellen Gefahren zu finden. Solange wir das Nullsummenspiel in allen seinen Varianten weiterspielen und keine neuen Spielregeln einführen, bleibt alles beim alten. Soweit uns aber der doppelte Vorteil bewußt wird und wir uns mitverantwortlich fühlen für unsere »Gesellschaftsspiele«, das heißt für die Struktur unserer Gesellschaft, so weit beginnen wir, die unausweichliche Notwendigkeit der Frage »Wer ist stärker?« in Frage zu stellen. Es gibt bei genauem Hinsehen sehr viel mehr Stellen in unseren Beziehungen, an denen das möglich ist und auch schon praktiziert wird, als wir gemeinhin glauben.

Ich halte es für wichtig, das Paradies nicht in der fernen Zukunft zu erwarten oder durch spirituelle Kunststücke herbeizaubern zu wollen, sondern zu sehen, daß Leben nicht gleich Macht ist und daß deshalb die beiden Grundfragen *in jedem Moment* als mögliche Beziehungsformen im Raum stehen. Auch wenn wir nur in kleinen Schritten unsere eigenen Erfahrungen auf dem Weg solcher Bewußtseinsveränderungen machen können, so ist doch kein Schritt auf diesem Weg vergeblich. Es geht jedesmal um den Unterschied, ob man diesen einen Schritt macht oder ob man ihn unterläßt.

Der militärische und der zivile Mut

Orientiert man sich in seinem Verhalten nicht mehr nur an dessen Effektivität im Sinne der (gewaltsamen) Veränderung des anderen bzw. der Umwelt, sondern an dem in der eigenen Person erlebten Gefühl, sich in diesem Moment zu verändern, ein wenig mehr Lebendigkeit zu riskieren, dann verändern sich auch die Vorstellungen von Kampf und Mut. Wo die Soldaten in »Wallensteins Lager« nach Schiller noch sangen: »Und setzet ihr nicht das Leben ein, nie wird euch das Leben gewonnen sein«, da tritt heute eine Bedeutungsverschiebung ein in bezug auf das, was mit dem Einsetzen des Lebens gemeint ist. Der traditionelle Begriff des politischen und militärischen Kampfes, auch im politischen Widerstand, orientiert sich am militärischen Mut, den der einzelne in der Schlachtreihe der Gleichgesinnten gegenüber der Schlachtreihe der Feinde aufbringen muß. Der Mutigste ist der in der ersten Schlachtreihe oder eigentlich der, der der eigenen Gruppe »voranreitet« und sich als erster mit den Feinden schlägt. Wer sich in der hintersten Schlachtreihe herumdrückt, ist am wenigsten wert. Die Männer des 20. Juli gelten vielen als der Inbegriff des politischen Widerstands in Deutschland. Für ihre Heroisierung ist ausschlaggebend, daß sie »voranritten«, und auch, daß sie ihr Leben verloren. Die vielen kleinen Widerstandskämpfer, die es wagten, lebendig zu bleiben an Stellen, wo im Kollektiv der psychische Tod, die Gewaltherrschaft unaufhaltsam voranschritt, werden heute vielfach übersehen. Sie verloren nicht ihr Leben, sondern sie versuchten, ihre Lebendigkeit zu erhalten. Wenn sich die Vorstellungen über die Art des Mutes, der im politischen Widerstand nötig ist, nicht verändern, werden wir wieder so lange warten, bis Widerstand nur noch mit dem Verlust des Lebens zu bezahlen ist.

Der militärische Mut, sei es im Krieg gegen Außenfeinde, sei es im Krieg gegen die eigene Regierung, wird immer zerstörerisch sein. Er ist definiert als Rücksichtslosigkeit dem eigenen Leben und dem Feind gegenüber. Das Verhalten des einzelnen ist hier bestimmt durch das, was die eigene Gruppe will, wozu sie ihre »Helden« beauftragt. Was diese Helden selbst in jedem Augenblick fühlen und für richtig halten, ist nicht gefragt; es würde die »Schlachtordnung« stören.

Im Gegensatz dazu ist der zivile Mut der Mut des einzelnen, nur seinen eigenen Gefühlen und Überzeugungen zu folgen und diese auch erkennbar werden zu lassen. Es ist der Mut, Lebendigkeit zu riskieren, wo (psychisch) tot zu sein weniger riskant zu sein scheint. Im Begriff der Zivilcourage werden diese beiden Formen des Mutes zumeist verwechselt. Zivilcourage bedeutet für viele, den Mut zu haben, gegen die Obrigkeit vorzugehen. Alles, was gegen die Obrigkeit ist, ist gut, alles was für sie ist, ist schlecht. Wenn dabei nur noch wie im Krieg das »Gegen« bestimmend ist und nicht mehr das »Für« die eigene Person, das »Für« die Erhaltung der Lebendigkeit, dann geht die Zivilcourage in den militärischen Mut über und wird zerstörerisch.

Ich möchte nicht so mißverstanden werden, als verurteilte ich ein bestimmtes Verhalten im politischen Widerstand, etwa die Anwendung von Gewalt. Mir geht es gar nicht in erster Linie um ein bestimmtes Verhalten (sein Verhalten muß immer jeder einzelne selbst verantworten), sondern um die klare Unterscheidung von unterschiedlichen Beziehungsqualitäten, die das ihnen entsprechende Verhalten und schließlich auch die ihnen entsprechenden Folgen dieses Verhaltens unweigerlich mit sich bringen (vgl. auch das 5. Kapitel, das sich noch ausführlicher mit dem Problem des politischen Widerstands beschäftigt).

Der zivile Mut des einzelnen, seine Bereitschaft und Fähigkeit, das Leben zu riskieren im Sinne der Erhaltung des eigenen und des fremden Lebens, führt dazu, daß man unter Umständen die eigenen »Schlachtreihen« stört, daß man es wagt, unterschiedliche Gefühle und Überzeugungen gegenüber den Mitgliedern der eigenen Gruppe bei sich zu entdecken, was oft bedeutet, daß man in bestimmten Punkten Ähnlichkeiten mit den Gefühlen und Überzeugungen der

»anderen« bei sich bemerkt und deutlich macht. Das führt in eine ständige Konfliktsituation, die besonders dann ängstigend ist, wenn man es nicht gewöhnt ist, sich in einem konflikthaften Spannungsfeld aufzuhalten. Aber die Größe der Angst hängt nicht nur von einem selber und der eigenen Geschichte ab, sondern auch von dem Feld, in dem man sich bewegt. Ist die Spaltungsnotwendigkeit bzw. der Kriegszustand in diesem Feld schon sehr weit eskaliert, dann hat der einzelne in diesem Feld auch besonders viel Angst, die eigenen Reihen zu stören. Die Strafen dafür sind dann sehr hoch, und in dieser Hinsicht ist seine Angst sehr realistisch.

Der Aufenthalt in einem solchen spannungsreichen Konfliktfeld hat allerdings auch eine angenehme Seite. Und nur diese Seite kann eine Person dazu bewegen, dem jeweiligen Konflikt *nicht* auszuweichen. Man kann in diesem Feld das Gefühl haben, lebendig zu sein, sich verändern zu können, indem man sich selbst und damit auch die anderen nicht verläßt.

Ich habe allerdings auch die Erfahrung gemacht, daß solche konflikthaften Beziehungen sehr viel mehr Aufmerksamkeit und Spannungstoleranz erfordern als unsere üblichen »toten« Beziehungen, die nach bestimmten Regeln ablaufen, nach denen immer schon feststeht, wer für mich und wer gegen mich ist. Deshalb kann ich nur wenige meiner Beziehungen so gut »pflegen«, daß ich in ihnen die anstehenden Konflikte nicht beiseite schiebe. Und auch dort ist mir diese Lebendigkeit wiederum nur sehr partiell möglich. Aber schon diese wenigen Stellen, an denen ich nicht auf meine Lebendigkeit verzichte, sind sehr befriedigend. Und ich halte es auch für wichtig, die anderen Stellen, an denen ich den zivilen Mut und die psychische Kraft nicht aufbringe, nicht so zu verstehen, als ob es dort aussichtslos sei, weil die anderen eben so und so sind. Wenn ich diese Stellen als immer noch mögliche und vielleicht für meine eigene Zufriedenheit auch nötige »Konfliktplätze« verstehe, bleibe ich nicht in voreiliger Scheinzufriedenheit auf dem erreichten Stand stehen.

Wenn wir Angst bekommen, tendieren wir alle dazu, den Konsens mit dem Freund und den Dissens mit dem Feind zu suchen. Die systemverändernde Funktion des zivilen Mutes besteht darin, in solchen Situationen wenigstens teilweise die Kraft aufzubringen, diese Angst als einen notwendigen Teil des Lebens und der Lebendigkeit auszuhalten und den Konflikt mit dem anderen aufzunehmen, anstatt diesen durch vorauseilende Unterwerfung oder unterwürfige Versorgung scheinbar zufriedenzustellen oder auch durch vorauseilende Verurteilung unter die »Feinde« einzureihen, mit denen jede Kontaktaufnahme sinnlos erscheint. Nur diese kleinen aber wichtigen Stellen verändern die Grundstruktur unserer persönlichen und politischen Beziehungen und uns selbst. Die »militärischen« Blöcke funktionieren nach dem Grundprinzip der Trennung zwischen guten und bösen Menschen. Eine Auflösung solcher Blöcke, wo auch immer, ist nur möglich durch Differenzierung der »Fronten«, durch den persönlichen Mut einzelner, die die vorgegebenen Schlachtreihen nicht verstärken, sondern eventuell ihrem persönlichen Empfinden entsprechend stören.

Schlachtreihen gibt es jedoch nicht nur zwischen verschiedenen politischen Lagern. Schlachtreihen in dem hier gemeinten weiten Sinn entstehen und bestehen auch aus sozialen Rollen. Und hier wird das Feld des politischen Widerstands sehr unübersichtlich. Die meisten sozialen Rollen sind uns als Rollen unbewußt, weil wir sie für selbstverständlich halten. Wir sind in der Vorstellung erzogen worden, daß Kinder selbstverständlich den Vorschriften der Eltern gehorchen müssen, daß Staatsbürger selbstverständlich tun müssen, was die Regierung befiehlt, vor allem, wenn die Regierung demokratisch gewählt ist. Wir haben gelernt, wie man als Frau, als Mann denkt, fühlt und handelt. Die verschiedenen Rollenvorschriften sind ebenso unübersichtlich in ihrer Zahl und in ihren Überschneidungen, wie sie undurchsichtig sind wegen ihres hohen Grades an Unbewußtheit, den sie im Laufe der Sozialisation jedes einzelnen annehmen.

Der zivile Ungehorsam als eine Form des zivilen Mutes hat deshalb viel mehr Facetten, als im allgemeinen berücksichtigt werden, wenn dieses Schlagwort in politischen Auseinandersetzungen gebraucht wird. Ziviler Ungehorsam nach dieser weiten Sicht ist es, sich immer wieder die Frage zu stellen, ob die »Sachzwänge«, in denen man sich befindet, tatsächlich so bindend sind, wie sie zu sein scheinen. Das Gefühl »ich muß ja, weil ...« deutet oft Stellen an, an denen man beginnt, sich nicht mehr nach den eigenen Gefühlen und Wünschen zu richten, und statt dessen eine Begründung für ein der eigenen Person und der eigenen Verantwortlichkeit entfremdetes Verhalten sucht. Diese täglich ablaufenden automatischen Reaktionen vieler, nein aller einzelnen halten unser Gesellschaftssystem mit seiner Symptomatik aufrecht. Freilich machen sie auch die Stabilität unserer Gesellschaft aus, ohne die wir nicht leben könnten. Wenn wir alle anfingen, genau das nicht mehr zu tun, was wir bisher glaubten tun zu müssen, dann würde zum Beispiel auch unser ganzes Versorgungssystem zusammenbrechen.

Persönliche Verantwortlichkeit kann also nicht so definiert werden, daß sie die bestehenden Rollen und ihre regelhafte Ordnung einfach verneint. Obgleich die kollektive oder strukturelle Verantwortungslosigkeit unserer Gesellschaft auf der blinden Erfüllung von Rollen und Vorschriften beruht, ist die Rückgewinnung persönlicher Verantwortlichkeit doch immer auch an eine persönlich zu verantwortende Entscheidung des einzelnen gebunden, an die Frage: »*Will* ich an meiner Stelle und zu diesem Zeitpunkt alles so weiterlaufen lassen, wie es bisher lief? Oder gibt es eine Möglichkeit, mehr Lebendigkeit, und das bedeutet eben immer auch mehr

Konflikte, zu riskieren als bisher?« Die zweite Frage, die Frage nach dem Leben, wie ich sie oben beschrieben habe, ist die Frage, die die Eigendynamik an den Stellen eines Systems zu unterbrechen hilft, an denen sonst der automatische Totstellreflex den einzelnen im Moment scheinbar schützt, in Wirklichkeit aber ihn selbst zusammen mit anderen in Gefahr bringt.

Ein großes Problem bei diesen das System verändernden Schritten ist die Wahrnehmung der eigenen Wünsche. Im Lauf unserer persönlichen und kollektiven Geschichte haben wir es verlernt, auf unsere eigenen Gefühle und Wünsche zu hören, ja sie überhaupt wahrzunehmen. Wir haben gelernt zu glauben, daß das Chaos entsteht, wenn jeder sich nur nach sich selbst richtet, und daß Menschen, die sich so verhalten, als Anarchisten und Egoisten zu verurteilen, aus der Gemeinschaft auszustoßen sind. So lassen wir lieber von anderen protestieren und Widerstand leisten. Wir lassen die Regierung für Ordnung sorgen, und wir lassen durch die parlamentarische und außerparlamentarische Opposition die Regierung bekämpfen. Da aber delegiertes Leben kein eigenes Leben ist, da die von der Masse an die Spitze des Kriegszuges gestellten Heerführer nicht ihrem eigenen Gefühl, sondern ihren heroischen Aufträgen folgen, leben wir alle in dem unbefriedigenden und gefährlichen Zustand, daß die einen kämpfen – doch nicht für ihre wirklichen Bedürfnisse, sondern um ihren narzißtischen Wert als beauftragte Führer – und die anderen sich ruhig verhalten, wie sie es gelernt haben, und den Krieg »in Auftrag« geben. Beide Rollen, die des Politikers und die des Staatsbürgers, dienen auf unterschiedliche Weise der Vermeidung von Konflikten.

Der Totstellreflex ist also nicht nur bei den passiven und gleichgültigen Bürgern zu sehen, sondern ebenso bei den im Rampenlicht stehenden, scheinbar aktiven und engagierten Politikern. Soweit sie in der Angst mit dem ihrer Rolle zugeordneten Reflex reagieren und in Gefahrensituationen pauschal und blind auf jeden Fall behaupten, sie hätten »alles im Griff«, gleichen sie dem »tapferen« Menschen, der in der Angst vor einer gefährlichen Operation »ganz vernünftig« und stumm wird, sich allen Vorschriften selbstverständlich fügt, keine Fragen mehr stellt, nicht aus der Rolle fällt und so sogar und gerade in der höchsten Lebensgefahr »alles im Griff« hat. Dieser Totstellreflex kann einem Käfer nützen, um von einem Vogel, der ihn nicht für lebendig hält, nicht gefressen zu werden. Nähert sich dagegen die Straßenwalze, dann nützt der Totstellreflex dem Käfer nichts, im Gegenteil: Wenn er schon den Fahrer der Straßenwalze nicht durch Rufen beeinflussen kann, so könnte er sich immerhin noch schnell, zur Seite laufend, in Sicherheit bringen.

Mario Erdheim und Maya Nadig[2] schreiben vom »sozialen Tod«, der zugelassen werden muß, wenn man die stereotypen Rollenvorschriften verläßt. Ich halte diese Bezeichnung einerseits für sehr sinnvoll, weil sie zeigt, weshalb wir so große Angst vor dem Verlassen unserer Rolle haben, in der wir so »reibungslos« funktionieren. Manchmal scheint es, als fürchteten wir und insbesondere unsere Politiker diesen sozialen Tod mehr als den realen kollektiven Selbstmord. Andererseits halte ich den Begriff »sozialer Tod« deshalb nicht für günstig, weil nach meiner Vorstellung an dieser Stelle das Leben beginnt, auch das soziale Leben.

Wo das Funktionieren aufhört, beginnt das Leben, und umgekehrt[3]. Das Gefühl, sich in einem aussichtslosen Kampf zu befinden, mit Windmühlenflügeln kämpfen zu müssen, hat häufig damit zu tun, daß man es nicht wagt, erkennbar zu werden. Insofern stimmt auch mein Bild vom Käfer und der Straßenwalze nicht. Wir haben an vielen Stellen die Möglichkeit, durch »Rufen« oder durch andere, im speziellen Fall wirksame Methoden den Fahrer der Straßenwalze zum Anhalten zu bringen – vor allem deshalb, weil wir immer selbst auch ein Teil dieses Fahrers sind.

Auch für den Politiker im engeren oder im weiteren Sinn (im weiteren Sinn ist jeder Mensch ein Politiker, ein politisch Verantwortlicher) geht es beim »sozialen Tod« bzw. beim »sozialen Lebendigwerden« um ein Risiko. Nur *der* »Führer« kann Veränderungen im Sinne von wirklicher Befreiung in Gang bringen oder fördern, der es riskiert, daß ihm die anderen *nicht* folgen. Wenn er dieses Risiko nicht eingeht, spielt er nur die *Rolle* des Führers, das heißt, er verwendet die Angst und die Angstabwehrmechanismen seiner potentiellen Gefolgschaft, um sie mit Hilfe von psychischer oder von offener Gewalt zur Nachfolge zu zwingen. Die psychische Gewalt besteht zum Beispiel darin, daß der (politische) Führer nach außen hin ein »tolles Image« produziert und so die Angst, die Geborgenheitswünsche und die narzißtischen Bedürfnisse seiner Anhänger für seine Zwecke ausnützt. Das Risiko einzugehen, daß einem die anderen *nicht* folgen, bedeutet den Verzicht auf Propaganda im Sinne von Verführung, aber auch den Verzicht auf und damit die Entlastung von Außenbestimmtheit. Denn jeder, der seine (politische) Karriere auf den Fähigkeiten der Schauspielerkunst aufbaut, hängt davon ab, welche Rolle das Publikum für ihn schreibt und wie es die Inszenierung wünscht.

Ich weiß, daß das Risiko, die Maske abzulegen, in den meisten Gruppen, bei Politikern, unter »Terroristen«, bei Konservativen und bei Alternativen, sehr groß ist. Das ist aber kein Grund, sich über die Ursachen und Folgen des oben beschriebenen »Funktionierens« keine Gedanken zu machen.

Ich möchte noch auf eine Erscheinung aufmerksam machen, die mir immer wieder auffällt. In Gruppen, in denen in einem Prozeß der persönlichen Auseinandersetzung auch der persönliche Mut der einzelnen wächst, verändert sich die Beziehungsstruktur: Aus einer linearen Beziehungsstruktur entsteht allmählich eine netzförmige.

Unter einer linearen Beziehungsstruktur verstehe ich zum Beispiel das Vorherrschen einer hierarchischen Ordnung; jeder weiß, wo er sich in der Linie zwischen Oben und Unten, zwischen dem Ersten und dem Letzten einzuordnen hat und wie die Reihenfolge aussieht. Die Kämpfe in dieser hierarchischen Struktur gehen darum, wer stärker ist, wer dem anderen, dem Höherstehenden seinen Platz streitig macht, sei es nach den Kriterien der offenen Gewalt (die zumeist in überwiegend oder ausschließlich männlichen Gruppen gelten), sei es nach den Kriterien der Moral, wonach oft der/die Schwächste oder am meisten Gequälte in der Rangordnung oben steht. (Diese Rangordnung gilt häufig in überwiegend oder ausschließlich weiblichen Gruppen.)

Als eine andere Art der linearen Beziehungsstruktur in Gruppen sehe ich die schon wiederholt erwähnte »Schlachtreihe« an. Diese Schlachtreihe kann einem Außenfeind gegenüber aufgestellt sein oder gegenüber einem gemeinsamen Feind innerhalb der Gruppe. Jede Ideologie, jedes Feindbild, jede Spaltung in Gut und Böse liefert Orientierungsmöglichkeiten für die Einordnung des einzelnen in diese »Reihe«. Deshalb wird derjenige, der »aus der Reihe tanzt«, auch zunächst als Störer empfunden und bestraft. Er stört die bisherige Orientierung, und das bedeutet, er stört Ordnung und Sicherheit. Ganz besonders störend ist derjenige, der sich bei diesem Störmanöver nicht nur darum bemüht, die Schlachtreihe umzustellen, sie einem neuen Feind, zum Beispiel dem bisherigen Führer, entgegenzustellen, sondern der das *Prinzip* der Reihe dadurch in Frage stellt, daß er sich selbst nicht mehr nach einer Reihe ausrichtet. Geht er selbst das Risiko ein, keine neue Reihe – nun selbst als der Führer – einzurichten, und es gelingt ihm, diese seine »subjektive« Position nicht durch narzißtische Selbstbewunderung abzusichern, dann wird sich im gleichen Maße die Struktur der Gruppe von einer vorwiegend linearen in eine mehr netzförmige verwandeln. Wie ich in den späteren Kapiteln ausführlich darstellen werde, geht es beim »Durchstehen« von Konflikten einerseits darum, nicht wegzulaufen, andererseits aber auch darum, die ängstigenden Kritiker nicht »totzuschlagen«. Je besser man sich selbst und seine eigene Angst im Gesamtzusammenhang der jeweiligen Beziehungsstruktur sehen kann, desto leichter fällt einem ein solches »Durchstehen«.

So kann der einzelne ein wenig zur Veränderung der Beziehungsstruktur des Ganzen beitragen. Ob und wieweit einem dieser Schritt gelingt, kann man am besten in sich selbst spüren, und zwar an dem Gefühl, ob man sich *gegen* die anderen oder *mit* den anderen zu retten versucht. Josef Weizenbaum schrieb: »Die sogenannte Ohnmacht des einzelnen ist vielleicht die gefährlichste Illusion, die ein Mensch überhaupt haben kann.«[4] Ich kann dem nur zustimmen.

Wie sieht nun die »netzförmige« Gesellschaft aus? Das wesentliche an dieser netzförmigen Gesellschaft besteht darin, daß man zwar durch persönlichen Mut zu ihrer Entstehung beitragen kann, daß ein solches Netz aber nicht durch irgendeine Konstruktion herzustellen ist. Wenn es entsteht, entsteht es von selbst – wie das Leben. Wir können ein solches Netz nur zerstören, indem wir die lineare Orientierung einführen, wir können es aber nicht »machen«. Das hängt damit zusammen, daß wir die Welt im Sinne von mehr Lebendigkeit nur so weit verändern können, wie wir in uns selbst mehr Lebendigkeit zulassen. Sobald wir die Welt verändern wollen, ohne uns selbst zu verändern, delegieren wir die Veränderung, die wir selbst nicht wagen, an andere und tragen so zur Entstehung und Aufrechterhaltung linearer Beziehungsstrukturen bei.

Manche werden sagen, daß solche gruppendynamischen Phänomene nicht auf gesellschaftliche Verhältnisse übertragbar seien, daß eine »Gesellschaft«, deren Mitglieder sich gar nicht kennen, eben nicht »netzförmig« werden könne. In diesem Einwand erkenne ich regelmäßig die Heilsphantasien des Alles oder Nichts. Entweder ist dieses Veränderungsmodell auf alle, möglichst auf die ganze Welt oder wenigstens auf die Bundesrepublik Deutschland anzuwenden, oder es ist illusorisch, bringt nichts und fällt deswegen der Lächerlichkeit anheim. Ich meine, daß die Vorstellungen über mögliche und nötige revolutionäre Prozesse in unserer Gesellschaft sich in den letzten zwanzig Jahren stark verändert haben. Gerade in der neuen politischen Kultur der Betroffenheit, wie sie insbesondere nach der Reaktorkatastrophe von Tschernobyl entstanden ist, wird nicht mehr der Anspruch erhoben, daß der einzelne alle retten kann und muß. Man erkennt vielmehr, wie wichtig auch die privaten und persönlichen Beziehungen (eventuell auch die »persönliche« Beziehung zu den politisch Verantwortlichen oder zu bestimmten umweltschädigenden Konzernen) für die politische Veränderung sind. Man sieht, daß jemand, der in seinem privaten Bereich, in seiner überschaubaren Umgebung den Konflikten prinzipiell ausweicht, auch als Politiker die Konflikte, die ihn in dieser Position betreffen, besten- oder schlechtestenfalls nur mit Gewalt lösen wird.

Die Zeit der Phantasien vom großen Auf- und Durchbruch ist vorbei. Wir haben bemerkt, daß politischer Widerstand im Sinne der Gesundung von gesellschaftlichen Beziehungsformen eine langwierige und anstrengende Arbeit ist. Wir beginnen sogar allmählich zu sehen, daß nicht nur – systemkonform – die Gruppe der Protestierenden endlich in irgendeiner Koalition die 50-Prozent-Marke überschreiten muß, sondern daß sich die Veränderung des Bewußtseins und damit der Beziehungsstrukturen *überall*, in allen Parteien und Gruppierungen vollzieht und vollziehen muß. Die narzißtischen Größenphantasien vom großen »Umkippen« sind ausgeträumt. Es wird uns kein Führer mehr retten können. Wir können nur noch jeder in seinem Umkreis dafür zu sorgen versuchen, daß die Beziehungen ein wenig »netzartiger«, ein wenig mehr auf die Personen bezogen werden. Die alten Orientierungen nach sozialen Klassen von Privilegierten und Unterprivilegierten sind wichtig, aber sie reichen nicht mehr aus. Unterprivilegiert und ohnmächtig sind wir alle, auch die Reichsten und Mächtigsten, wenn wir bedenken, daß wir wahrscheinlich nicht einmal das Überleben der Menschheit sichern können.

Ich will nicht die Illusion erwecken, als könnte durch das von mir vorgestellte Veränderungsmodell die Menschheit gerettet werden. Ich will Zusammenhänge aufzeigen, die uns zumeist unbewußt bleiben, Zusammenhänge zwischen unserer eigenen Haltung und dem, was in einer Beziehung, in einer Gruppe geschieht. Solange wir uns nur als hilflose Opfer der gesellschaftlichen Verhältnisse sehen, solange wir »das System« als nur gegen uns gerichtet und als nur außerhalb von uns befindlich – nicht von uns mitgestaltet – verstehen, so lange werden wir politisch passiv bleiben in unserer »großen« und »kleinen« Politik. Gerade die Trennung zwischen Politischem und Nicht-Politischem löst sich derzeit im Bewußtsein der politischen Kreise auf, die erst in den letzten Jahren »politisch aufgewacht« sind. Man glaubt immer weniger an die Unumstößlichkeit sogenannter »handfester« Interessen. Man erkennt sie als Ausdruck von harter politischer Brutalität, die nicht einfach hingenommen werden kann und muß. Es wird immer deutlicher, daß auch die »Passiven« an der ungehinderten Brutalität der »Aktiven« beteiligt sind und daß dieser mörderischen und selbstmörderischen Rücksichtslosigkeit eine lebendige Alternative gegenübergestellt werden muß.

2. Die narzißtische Gesellschaft – eine Gesellschaft ohne Risiko

Die Gesellschaft ohne Risiko und die Unfähigkeit zu leben

Unter dem Begriff der »Risikogesellschaft« beschrieb Ulrich Beck[1] vor kurzem unsere Gesellschaft als eine Gesellschaft, die auf dem »zivilisatorischen Vulkan « sitzt. Die Machtproduktion des industriellen Zeitalters wird erkennbar und erkannt als Produktion von Risiken in Form von irreversiblen Gefährdungen des Lebens von Pflanze, Tier und Mensch. Beck macht darauf aufmerksam, daß diese Risiken nicht wie bisher auf die anderen abgewälzt werden können, auf andere Völker, auf Minderheiten und unterprivilegierte Schichten. So sind in der »Risikogesellschaft« alle gleichermaßen gefährdet, weil sich die Gefahr nicht mehr auf die traditionellen Grenzen zwischen Staaten, Klassen, Geschlechtern usw. beschränken läßt. Und das Wissen um unsere »Allbetroffenheit« kann nach Beck zu grundsätzlichen Veränderungen unseres politischen und gesellschaftlichen Bewußtseins führen.

Dieser beeindruckenden soziologischen Analyse möchte ich eine Analyse aus der Perspektive der Politischen Psychoanalyse hinzufügen. Nach den Erkenntnissen der Psychoanalyse über die psychische Erkrankung, die wir narzißtische Persönlichkeits- oder Beziehungsstörung nennen, gerät ein Mensch gerade deswegen in eine immer größere existentielle Gefahr, *weil* er und je mehr er jedes Risiko zu vermeiden versucht. Aus der Sicht der Psychoanalyse stellt sich also die die soziologische Beschreibung ergänzende Frage: Weshalb tun die Menschen so wenig gegen die ungeheuren Risiken, die ihr Streben nach Macht hervorgebracht hat? Warum ist diese Entwicklung zu immer mehr Macht, Gewalt und Gefahr so schwer aufzuhalten?

Wenn wir als Psychoanalytiker sehen, daß diese Erkrankung nicht nur einzelne »Patienten« betrifft, die wir dann »heilen« könnten oder auch nicht, wenn wir sehen, daß der Narzißmus der einen die anderen unausweichlich mitgefährdet, dann wird auch unsere (medizinische) Trennung zwischen Kranken und Gesunden, zwischen Patienten einerseits und Ärzten oder Psychotherapeuten andererseits in Frage gestellt.

Doch nicht nur die Erkenntnis, daß uns die Mächtigen dieser Welt alle umbringen können, auch wenn wir selbst noch so »gesund« sind und über ihre »Erkrankung« noch so gut Bescheid wissen, muß uns alarmieren. Wenn wir schon »therapeutisch« gegenüber solchen mächtigen und selbstzufriedenen »Patienten« ohnmächtig sind, so können wir vielleicht doch zu verstehen versuchen, wie diese unsere Ohnmacht entsteht und aufrechterhalten wird, ob unsere Ohnmacht, unsere Unfähigkeit, uns zu wehren und für unser Leben zu sorgen, vielleicht nur eine andere Form des Narzißmus ist, die wir als solche noch gar nicht erkannt haben? Vielleicht sind wir in unserer Ohnmacht gar nicht so gesund, wie wir denken, wenn wir einfach den Täter für krank, das Opfer für gesund erklären?

Es geht also um eine neue Definition von psychischer Gesundheit, wenn wir auch die sogenannten Normalen und die politischen Zusammenhänge in unser Blickfeld aufnehmen. Krank ist dann nicht mehr der, der leidet, krank ist aber auch nicht mehr der, der Angst hat. Denn viele, gerade die »narzißtisch Kranken«, leiden scheinbar nicht, sie haben auch scheinbar keine Angst. Sie bringen oft andere dazu, unter ihnen zu leiden und vor ihnen Angst zu haben. Aber wie kann man dann noch psychische Krankheit von psychischer Gesundheit unterscheiden? Worum geht es dann noch in der Psychotherapie, wenn es nicht mehr um die Befreiung von der Angst geht, sondern eventuell um die Befreiung *zur* Angst und *zur* Leidensfähigkeit?

Ich möchte im Rahmen der in diesem Buch vertretenen Thesen psychische Krankheit definieren als die Unfähigkeit zu leben, die Unfähigkeit das Leben zu riskieren. Mit diesem Kriterium für psychische Krankheit sind dann nicht mehr nur die einen, die »Kranken«, gemeint, während die anderen sich als die »Gesunden« davon abheben. Eigentlich erübrigt sich die Bezeichnung »krank«, wenn man die Unfähigkeit zu leben in größerem und kleinerem Ausmaß bei jedem Menschen erkennen kann und in sehr gefährlichem Ausmaß bei uns allen, in den Grundstrukturen unserer Gesellschaft.

Wenn ich also hier von Formen psychischer Krankheit spreche und zu deren Beschreibung und Verständnis die Erfahrungen der Psychoanalyse mit narzißtischen Persönlichkeitsstörungen heranziehe, dann ist das nach meiner Ansicht nicht eine unzulässige Übertragung von Erkenntnissen der Psychopathologie und der Einzelpsychotherapie auf gesellschaftliche Zusammenhänge, wenngleich es für manch einen ungewöhnlich und unangenehm ist, sich selbst unter die »Kranken« eingereiht zu sehen, wo er doch immer darauf bedacht war, nicht zu diesen im gesellschaftlichen Abseits stehenden Menschen zu gehören.

Die Aufhebung der Grenzen zwischen den Kranken und den Gesunden bringt Verunsicherung mit sich, die dem, der solche Auflösung betreibt, als Diffamierung (der »Gesunden«) vorgeworfen wird. Und doch liegt die Diffamierung gerade in der Trennung zwischen den »guten« Gesunden und den »minderwertigen« Kranken. Nur wenn diese Trennung aufgehoben wird, ist ein Verständnis auch für die Not und das

Leiden derer möglich, die vorgeben, nicht zu leiden, oder die ihr Leiden selbst nicht wahrnehmen können. Und andererseits hebt ein für alle Menschen geltendes psychodynamisches und soziodynamisches Verständnis der Unfähigkeit zu leben in ihren sehr unterschiedlichen oder auch gegensätzlichen Formen die Opferrolle der »Kranken« auf. Man sieht nicht mehr nur, wie die »Kranken« von den »Gesunden« ins Abseits geschickt werden als die Sündenböcke, die die »Sünde« der Welt zu tragen und für andere zu büßen haben. Man erkennt auch *ihre* Beteiligung an dem (narzißtischen) Gesamtsystem, das nicht nur brutale Machthabende braucht und produziert, sondern auch stumme »Opfer«, die sich mit ihrer Ohnmacht abgefunden haben und (z.B. im Fall von psychiatrisch Kranken, aber auch im Fall der vielen politisch Uninteressierten) den »Freiraum des Verrücktseins« nutzen, um, verantwortungslos wie ihre »gesunden« Gegenspieler, ein Ersatzleben zu leben.

Ich möchte also unsere kollektive Erkrankung als die Haltung beschreiben, in der Macht und Leben, Ohnmacht und Tod gleichgesetzt werden. Seit jeher haben wir als Vorbilder Helden, die nicht untergehen, wenn sie nur brutal genug sind, oder die nicht untergehen, weil sie total rechtschaffen sind und immer rechtschaffen bleiben, was eine andere Form der Brutalität sein kann. Selbst das Bedrohtsein dieser Helden ist für uns ein Zeichen ihres Heldentums. Trotz oder wegen äußerster Bedrohung haben sie keine Angst, wie der Mensch vor der Operation, der zum »Lamm« wird. Ihr Leben oder das, was sie für Leben halten, besteht in ihrer Macht über sich selbst und über andere. Würden sie diese Macht verlieren, sie wären in ihren eigenen Augen und auch für uns »gestorben«. Ohnmacht wird mit Tod gleichgesetzt. Deshalb wird die Ohnmacht verleugnet, wo immer die Gefahr besteht, daß Ohnmacht erlebt wird. Das ist bei unseren Politikern nicht anders als bei den Mächtigen der

Wirtschaft und der Wissenschaft. Aber auch in den Phantasien über den politischen Widerstand ist die Vorstellung vom angstfreien Helden zu finden, der eigentlich ein Un-Mensch ist. Weil wir uns vor dem Tod so sehr fürchten und ihn nicht als einen Teil unseres Lebens »miterleben«, phantasieren wir für uns und unsere Helden die Unverwundbarkeit, die Unsterblichkeit, die Freiheit von Erdenschwere (man denke nur an die Träume vom schwerelosen Zustand, die fast bei jedem Menschen vorkommen und im Fliegen, in der Weltraumfahrt, im Krieg der Sterne ihren materialisierten Ausdruck gefunden haben).

Mario Erdheim schildert in seinem Buch »Die gesellschaftliche Produktion von Unbewußtheit«[2] und in einem Aufsatz über »Das Elend der Mächtigen«[3], wie die kriegerischen Azteken auf dem Höhepunkt ihrer Macht die Gefahr nicht mehr sehen konnten, in der sie sich befanden. In ständiger Angst vor dem Weltuntergang hatten sie die Zahl der Menschenopfer an die Götter ständig erhöht. Das vergrößerte auch – von ihnen unerkannt – den Haß der unterworfenen Völker, die als Menschenopfer dienen mußten. Als dann die Spanier kamen, benützten sie diesen Haß der unterdrückten Völker, indem sie sich mit ihnen verbündeten, und konnten so die ihnen überlegenen Azteken leicht besiegen. Ähnlich wie das deutsche Volk in der Zeit des Nationalsozialismus hatten sich die Azteken als das »auserwählte Volk« der Sonne gefühlt, was in beiden Fällen zur Folge hatte, daß die reale Bedrohung nicht mehr wahrgenommen werden konnte. Aufgrund von Unsterblichkeits- und Erwähltheitsphantasien überschätzte man die eigenen Kräfte. Das hatte bei den Azteken den Untergang der ganzen Kultur zur Folge.

Die Götter der Azteken waren, wie das Volk selbst, sehr grausam. Sie mußten durch immer neue Menschenopfer besänftigt werden. Ähnlich liegt auch für uns heute die Gefahr in der Grausamkeit unserer »Götter«. Zwar fordern sie nicht im direkten Sinn Menschenopfer wie die Götter der Azteken. Aber sind nicht vielleicht unsere inneren Götter, unsere inneren Mythen auch auf das alltägliche und auf das endgültige Menschenopfer angelegt? Opfern wir nicht bereitwillig unsere Verkehrstoten, unsere Selbstmörder, unsere Arbeitslosen täglich, um an der Macht bleiben zu können? Ist das »letzte« Menschenopfer in der Geschichte der jüdisch-christlichen Zivilisation, der Mord an Jesus Christus vor 2000 Jahren, wirklich das letzte geblieben, wie es damals die »frohe Botschaft« verkündete? Opfern wir nicht ständig Leben für Macht – und schließlich auch noch uns alle, um nicht selber sterben zu müssen? Die Wut der Unterdrückten, der unterdrückten und geopferten Seite in uns allen, fordert, zur Beruhigung unserer Angst vor dem Weltuntergang, immer neue Opfer in Form von lebenzerstörendem Konsum. Die vielfältigen gewalttätigen Ersatzbefriedigungen dienen der Besänftigung unserer »Götter«, und zu diesen Göttern zählt auch unsere innere Angst vor dem Leben, vor dem Risiko. Das ständige Vor-sich-Herschieben von Befriedigung und Leben, der ständige Handel von »Askese jetzt« gegen »Paradies später«, läßt uns weder die Gefahren sehen, die uns jetzt drohen, noch das Leben, das ebenfalls jetzt (noch?) möglich wäre.

Die Gesellschaft ohne Risiko ist lebensgefährlich. Dieser Satz bedeutet nicht nur, daß es lebensgefährlich ist, die Gefahr nicht wahrzunehmen. Er bedeutet auch, daß es lebensgefährlich ist, *kein* Risiko einzugehen. Die häufig zitierte Umkehrung eines alten Sprichwortes macht diesen Gedanken deutlich: »Wer sich *nicht* in Gefahr begibt, kommt darin um.« Allerdings sind es zweierlei Gefahren, die hier zu unterscheiden wären: die *eine* Gefahr, in die man sich begeben muß, um nicht in der *anderen* umzukommen.

Wenn Ulrich Beck in dem zitierten Buch zur Abwendung oder Verminderung der Gefahr zum Beispiel vorschlägt, daß

»die Tarnkappe der Sachzwänge abgelegt und deshalb Interesse, Standpunkte, Möglichkeiten abgewogen werden müssen«[4], dann fordert er damit die offene Auseinandersetzung, den offenen Konflikt zwischen verschiedenen Interessen. Ebenso, wenn er »starke und unabhängige Gerichte (fordert) und eine starke und unabhängige Medienöffentlichkeit mit allem, was das voraussetzt«[5]. Er fordert die Möglichkeiten von »Gegenexpertisen, alternativer Berufspraxis, innerberufliche und -betriebliche Auseinandersetzungen um Risiken eigener Entwicklungen«[6]. All das wird nur möglich sein, wenn man sich in die *eine* Gefahr begibt, nämlich in den Konflikt, um der *anderen* Gefahr, dem kollektiven Untergang, zu entgehen.

Immer, wenn man solche Veränderungen fordert, muß man auch bedenken, daß dazu an unzählig vielen kleinen Stellen des Berufs- und Alltagslebens Angst auszuhalten ist. Sollen bisher selbstverständliche Machtstrukturen in Frage gestellt werden, dann dürfen natürlich Konflikte nicht mehr durch Sachzwänge und Rollenverhalten unterdrückt werden. Die Sprachlosigkeit der vielen einzelnen Menschen muß aufgelöst werden, und die Angst, nicht mehr geliebt zu werden, wenn man »das System verändert«, muß ertragen werden. Außerdem muß jeder einzelne immer wieder »einen neuen Ast« finden, auf dem er sitzen kann. Denn niemand sägt den Ast ab, auf dem er sitzt. Soweit wir innerlich und äußerlich von dem System der Unbewußtheit und der Risikovermeidung im zwischenmenschlichen Kontakt abhängen und davon profitieren, werden wir es automatisch bzw. unbewußt nicht in Frage stellen.

Wir brauchen also »einen neuen Ast«, und das heißt: Wir brauchen die Erkenntnis und die Erfahrung, daß wir *gewinnen* – durch jeden kleinen Schritt –, wenn wir es riskieren, manchmal ein wenig lebendiger zu sein, als wir es unserer bisherigen Gewohnheit entsprechend wären. Zum Glück können und müssen die kleinen Schritte nicht an ihrer objektiv notwendigen Größe gemessen werden. Auch wenn, wie wir alle mehr oder weniger sehen, die Gefahr sehr groß ist, bleibt doch unsere Angst vor der Veränderung das Maß der uns möglichen Schritte. Was uns zum veränderten Handeln bewegt, ist nicht die absolute Größe der Gefahr, die wir sowieso nicht im vollen Ausmaß wahrnehmen können, sondern unser Gefühl für die »toten« Stellen in unseren Beziehungen und unsere Fähigkeit, diese toten Stellen als Einschränkungen und als Gefahr zu erleben. Solange wir den »Beton« nicht betrauern und fürchten, wird uns keine noch so drastische Schilderung der drohenden Apokalypse dazu bewegen, das »Gras« unter ihm zu pflegen.

Allerdings sind auch die immer und überall wirksamen Illusionen ein Hindernis für wirkliche Veränderungen. Es will nur so schwer in unser Bewußtsein dringen, daß es wirklich keine Nischen mehr gibt, in denen sich wenigstens die Reichen oder die Gesunden oder die Rechtschaffenen vor der Gefahr schützen können. Und wir können es vor allem nur schwer akzeptieren, daß wir als einzelne nicht ohnmächtig und deswegen auch nicht unschuldig sind. Beide Illusionen, die der Nische und die der Ohnmacht, ermöglichen es uns immer wieder, im Zweifel oder in der Angst doch lieber »auf dem alten Ast« zu sitzen, der Stummheit bedeutet, Ergebenheit und scheinbare Konfliktfreiheit. Diese komplizierten und immer wieder unbewußt ablaufenden psychischen und sozialen Mechanismen sind es, die unsere das persönliche Risiko vermeidende Gesellschaft an den Rand des Abgrunds bringen.

Die Symptome der Macht: Gewalt gegen Triebwünsche

Wie sehen nun die verschiedenen Formen unserer Unfähigkeit zu leben aus, welches sind die Symptome der Macht und ihre psychodynamischen und soziodynamischen Grundlagen? Wie schon beschrieben, sehe ich die Ursache der offenen und der versteckten Gewalt in unserer Gesellschaft in unserer Angst vor dem Risiko des Lebendigseins oder des Lebendigwerdens. In psychoanalytischer Denkweise ausgedrückt handelt es sich dabei um die Angst vor den Triebwünschen und um die Abwehr dieser Angst durch Gewaltausübung gegen uns selbst (Unterdrückung der Triebwünsche) und gegen andere (Unterdrückung der Lebensbedürfnisse unserer Mitmenschen im weitesten Sinn).

Machtausübung zwischen zwei oder mehr Personen hat immer die Grundform der Vergewaltigung, sie ist also eigentlich eine Perversion der Beziehung. Aus der Beschreibung der narzißtischen Persönlichkeitsstörung ist die Vermeidung von Kontakt, Berührung und Befriedigung zugunsten von Kontrolle und Beherrschung als typische Abwehrform bekannt. Das Gefühl der Macht über andere ersetzt das Erleben der Befriedigung mit anderen. Die anderen Menschen werden überrollt – oder eventuell auch durch depressive Unterwerfung »unterrollt« -, aber nicht berührt. Dabei dient die Unterdrückung der eigenen Triebwünsche nicht nur der Herrschaft über die eigene Person, sondern gleichzeitig immer auch der Unterdrückung anderer Personen.

In dieser Vorstellung ist freilich ein Triebbegriff enthalten, der nicht mehr ganz identisch ist mit dem von Freud vertretenen. Freud sah in der Triebkontrolle noch einen schmerzlichen, oft pathogenen, aber für die Erhaltung der Kultur notwendigen Verzicht des Individuums. In seinem Weltbild standen sich entweder zwei antagonistische Triebe

(Lebens- und Todestrieb, Libido und Aggression) gegenüber oder Trieb und Triebkontrolle. Wie die meisten konservativen Politiker unserer Zeit, so ging auch Freud von der Annahme des »homo homini lupus« aus und sah die Aufgabe und Funktion des Staates darin, diese »Wölfe« zu bändigen. Dazu ein Zitat aus »Das Unbehagen in der Kultur»:

»Das gern verleugnete Stück Wirklichkeit hinter alledem ist, daß der Mensch nicht ein sanftes, liebebedürftiges Wesen ist, das sich höchstens, wenn angegriffen, auch zu verteidigen vermag, sondern daß er zu seinen Triebbegabungen auch einen mächtigen Anteil von Aggressionsneigung rechnen darf. Infolgedessen ist ihm der Nächste nicht nur möglicher Helfer und Sexualobjekt, sondern auch eine Versuchung, seine Aggression an ihm zu befriedigen, seine Arbeitskraft ohne Entschädigung auszunützen, ihn ohne seine Einwilligung sexuell zu gebrauchen, sich in den Besitz seiner Habe zu setzen, ihn zu demütigen, ihm Schmerzen zu bereiten, zu martern und zu töten. Homo homini lupus; wer hat nach allen Erfahrungen des Lebens und der Geschichte den Mut, diesen Satz zu bestreiten? Diese grausame Aggression wartet in der Regel eine Provokation ab oder stellt sich in den Dienst einer anderen Absicht, deren Ziel auch mit milderen Mitteln zu erreichen wäre. Unter ihr günstigen Umständen, wenn die seelischen Gegenkräfte, die sie sonst hemmen, weggefallen sind, äußert sie sich auch spontan, enthüllt den Menschen als wilde Bestie, der die Schonung der eigenen Art fremd ist.«[7]

Wenn, wie in der Freudschen Theorie, der Mensch wegen seines Aggressionstriebes als »von Natur aus böse« gesehen wird, dann hat das zur Folge, daß die Menschen, wenn sie überleben wollen, diesen Aggressionstrieb »bändigen« müssen. Gewalt zwischen den Menschen ist dann nicht Ausdruck einer psychischen Erkrankung oder einer Beziehungsstörung, sondern Folge fehlender Triebkontrolle. Wird aber der Mensch nicht von vorneherein nach den Kategorien von

»Gut« und »Böse« beurteilt, dann kann man sehen, daß seine Triebwünsche primär nicht auf die Zerstörung des anderen zielen. Dann erscheint Gewalt als Ausdruck einer krankhaften Unterdrückung oder Perversion der menschlichen Liebes- und Lebensbedürfnisse. Diese zweite Sicht, die implizit an anderen Stellen auch des Freudschen Werkes enthalten ist, ist die Grundlage meines Verständnisses von Gewalt als Prototyp sozialer Pathologie.

Was sind nun die Symptome von Macht und Gewalt, die durch Unterdrückung der primären Lebensbedürfnisse des Menschen entstehen? Ich verstehe in diesem Sinne den Zentralismus, die Überproduktion, den exzessiven Konsum, den Wachstumswahn, die rücksichtslose Ausbeutung der Umwelt und die Entdemokratisierung der Gesellschaft durch zunehmende Kontrolle und Macht des Staates gegenüber seinen Bürgern als Ausdruck kollektiver Angst, die durch solche »Zusammenballungen von Macht« abgewehrt wird. Psychoanalytisch betrachtet erinnern alle diese Erscheinungen an das Krankheitsbild der narzißtischen Persönlichkeitsstörung. Unsere Gesellschaft als ganze und mehr oder weniger jeder einzelne von uns scheint von dem Wahn befallen zu sein, daß er um jeden Preis größer sein muß, als er ist. Das typische Schwanken zwischen Grandiosität und Depression ist die psychische Grundlage der angeführten »Symptome der Macht«. Im Bewußtsein dieser Störung gibt es nur die beiden Möglichkeiten: Entweder bin ich größer, als ich wirklich bin, oder ich bin nichts wert, habe keine Lebensberechtigung und keine Lebensgrundlage.

Das Größer-sein-als-man-wirklich-ist hat zur Folge, daß man ständig Grenzen überschreitet, die Grenzen zum jeweils anderen oder die Grenzen der Natur gegenüber. Ohne diese vergewaltigende Grenzüberschreitung scheint das eigene Leben nicht gesichert zu sein. Der Verzicht auf die Grenzüberschreitung, also der Verzicht auf die Macht, würde

Kontakt und Berührung bedeuten, aber auch ein Bewußtwerden der natürlichen Abhängigkeit, die im narzißtischen Bewußtsein als Minderwertigkeit und damit als lebensbedrohend erlebt wird.

So ist die unkontrollierte Wucherung der psychischen Krebserkrankung zu verstehen, die Überschreitung der natürlichen Größe, in allen Bereichen der Politik, der Wirtschaft, der Wissenschaft und Technik. Dieser Krebs und seine zerstörerische Wirkung werden aber nur von denen erkannt, die nicht oder weniger existentiell an ihm beteiligt sind. Die anderen halten die Wucherung für Fortschritt und haben (zum Teil unbewußt) Angst davor, daß sie zum Stillstand kommen könnte. Sie sehen nicht, daß sie sich gerade durch die ständige Überschreitung ihrer natürlichen Größe die Lebensgrundlagen selbst entziehen. Oder sie wissen um diese Gefahr und haben so große Angst davor, daß sie dieses Wissen durch ständige Flucht nach vorne verdrängen.

Zugleich mit der Angst in der eigenen Person oder in den eigenen Reihen werden auch alle angstmachenden Minderheiten unterdrückt. Sozial Schwache, Asylanten und Kommunisten sind bedrohlich, weil sie den Reichen das wegnehmen wollen, was diese sich (als Ersatz für wirkliche Lebensqualität) angeeignet haben. Ich glaube, daß nicht so sehr eine primäre Gier die psychische Grundlage des Kapitalismus ist, sondern eine Identitätsstörung. Wir leben nach der reduzierten Vorstellung von uns selbst: Ich bin das, was ich produziere, was ich habe und was ich gegen andere verteidigen kann.

Für eine Regierung, deren Macht auf der Unmündigkeit ihrer Bürger beruht, ist ein wachsendes politisches Selbstbewußtsein in der Bevölkerung trotz aller offiziellen Bekenntnisse zur Demokratie eine Gefahr. Demokratie existiert hier nur als ein Wort, das fast jede Gewalt des Staates oder der Mehrheit legitimiert. Dieses Wort Demokratie bedeutet, daß eine Mehrheit von mindestens 51 Prozent eine Minderheit von bis zu 49 Prozent ohne Schuldgefühle unterdrücken darf. Jedes Sich-Einrichten in den Strukturen der Macht hat zur Folge, daß man bewußt oder unbewußt die Angriffe der Unterdrückten fürchtet und deshalb automatisch Absicherungen im eigenen Bewußtsein und in den Rechtsnormen (Notstands- und Sicherheitsgesetze, Zivilschutzgesetze) etablieren muß. Macht über andere macht den Inhaber der Macht nicht frei, sondern zu einem Verfolgten.

Dieses Verfolgtsein oder auch ein Sich-verfolgt-Fühlen dient als Ersatz für die eigentlich ersehnte und gleichzeitig gefürchtete Nähe. Der phantasierte Verfolger verläßt einen nie. Die teilweise realen, teilweise phantasierten Verfolger (so zum Beispiel die Kommunisten, die Terroristen und Chaoten, aber auf der anderen Seite auch die Polizei und die Regierung) »machtkranker« Menschen bleiben diesen erhalten, solange sie in der Phantasie und/oder in der Realität die Unterdrückung aufrechterhalten. Zwar wird auf diese Weise der Wunsch nach Nähe nicht erfüllt; mit unterdrückten Menschen oder Feinden ist kein befriedigender Kontakt herzustellen. Aber der Wunsch, nicht alleine zu sein, erfüllt sich andererseits doch durch die Projektion eigener Gewaltphantasien in politische Feinde und durch das entsprechende Verhalten diesen Feinden gegenüber. In der »machtkranken« Ausdehnung über die eigenen Grenzen hinaus wird der Wunsch nach Nähe zur Sucht. Die Gier nach gewaltsamen Ersatzkontakten ist nie zu stillen, weil das wirkliche Bedürfnis nach Kontakt nur durch das Einhalten der eigenen Grenzen befriedigt werden könnte.

Eine wichtige Ersatzbefriedigung in dieser verzweifelten Situation der prinzipiell unerfüllbaren Kontaktwünsche bringt die Fähigkeit narzißtischer Persönlichkeitsstrukturen zur selektiven Einfühlung mit sich: Ein »guter« Politiker hat eine besonders gute Einfühlungsfähigkeit für die Wünsche und Ängste, also auch für die Abwehrstruktur der Wähler.

Wie einst als Kind seinen Eltern gegenüber kann er jederzeit das Bild darstellen, das die Wähler von ihm erwarten. Und die Bevölkerung wählt genau das Bild, das ihrer Abwehrstruktur entspricht. Sie möchte genau in dem Maße beruhigt werden, wie es ihre durchschnittliche Angst erfordert, und genau in dem Maße mit Schreckensmeldungen »gefüttert« werden, wie es ihre Sensationslust, ihr Bedürfnis nach risikofreier Angst erfordert. Deshalb können sich grundsätzliche politische Veränderungen, die sich dann auch in veränderten Wahlergebnissen ausdrücken, nur bei einer Veränderung der kollektiven Abwehrstruktur ergeben. Wenn die Angst vor dem Erkennbarwerden des einzelnen in der Bevölkerung nachläßt, werden auch Politiker gewählt, die mehr Konflikte riskieren und weniger mit den Verführungskünsten des »falschen Selbst« (mit den Künsten des Schaupielers) arbeiten. Eine Irreführung des Volkes auf der Ebene des Bewußtseins ist leicht möglich und findet auch ständig statt. Auf der Ebene der unbewußten Kommunikation jedoch findet keine Irreführung statt. Dort passen die Strukturen von Bevölkerung und Politikern genau zusammen.

Die innere »Verfassung« eines Volkes wirkt sich in der Außenpolitik aus. Je »amorpher« die Masse der Bevölkerung, je weniger konfliktfähig der einzelne, desto abhängiger ist die Bevölkerung von einer Führung, die ideologisch die Welt in Gut und Böse, in Freund und Feind einteilt. Ein »großer Führer gegen das Böse« ist nötig für eine Gesellschaft, die medikamentöse, psychosoziale oder propagandistische Antidepressiva braucht. Rüstungsanstrengungen haben die jeweiligen Länder schon immer aus der wirtschaftlichen *und* psychischen Depression geführt. Die Phantasie moralischer Überlegenheit, der zumeist auch der Versuch, kriegerische Überlegenheit zu gewinnen, folgte, half schon häufig die depressive Verstimmung eines gekränkten oder »unterbeschäftigten« Volkes zu vertreiben.

Ein rüstendes Volk ist ebenso wie ein »rüstender« Patient von der selbstverständlichen Notwendigkeit und Normalität seines Rüstens und seiner Kriegsandrohung überzeugt. Psychoanalytiker und andere kritische Menschen haben es oft schwer, die Drohung mit psychischem oder physischem Mord als Symptom, als Ausdruck der Gewaltanwendung auch gegen den Drohenden selbst, gegen dessen eigene Lebensbedürfnisse, verstehbar zu machen. Zu Normalität gewordene psychische Erkrankung ist sehr schwer analysierend in Frage zu stellen.

Auch die Zusammenballung wirtschaftlicher Macht wird zumeist nicht als Krankheitssymptom angesehen. Im allgemeinen politischen Bewußtsein sind Industrialisierung und permanentes Wachstum ein Indiz für die Gesundheit eines Volkes. Je mehr ein Volk produziert und je mehr es verbraucht, desto gesünder scheint sein »Grundumsatz« oder sein »Kreislauf« zu sein. Aber schon der Vergleich mit diesen körperlichen Funktionen zeigt, daß es für den Menschen auf allen Gebieten ein optimales, ein »menschliches Maß«[8] gibt, dessen Über- und Unterschreitung gleichermaßen gefährlich ist. Für jeden einzelnen Menschen kann Gesundheit nur nach seinem »persönlichen Maß« beurteilt werden. Dieses persönliche Maß haben wir allerdings zumeist verloren, da wir es gelernt haben, uns am Durchschnitt oder am »Größten« zu messen. In der Pathologie zwischenmenschlicher Beziehungen korrespondiert die Überschreitung der persönlichen Grenzen gegenüber anderen mit der Überschreitung des persönlichen Maßes im »Umsatz«, also im Verbrauch psychischer und materieller Ressourcen und in der Produktion von psychischer und materieller Leistung.

Das suchtartige Überschreiten der eigenen Grenzen und des persönlichen Maßes wird als pervertierter Kontaktwunsch erkennbar. Die Berührung mit anderen Menschen wird gleichzeitig suchtartig gesucht und phobisch vermieden. Dieses ambivalente Verhalten entspricht dem ambivalenten Erleben von Grandiosität und Depression und dem ständigen Schwanken zwischen beiden Zuständen. Fortschrittsglaube und Wachstumsdenken, Umsatzsteigerung und Produktion von Feindbildern und Rüstung, alle diese auffälligen Symptome sind Kompromißbildungen zwischen dem glücklicherweise »unausrottbaren« Bedürfnis nach Kontakt und Befriedigung und der leider immer auch bestehenden Angst, bei Annäherung an den anderen die eigenen Konturen zu verlieren und von diesem anderen verschlungen zu werden.

Ein Ergebnis dieser Psychodynamik ist die Sucht, die man auch als Genuß- und Erlebnisunfähigkeit beschreiben kann (vgl. auch das 3. Kapitel). Bei der Sucht geht es ständig um die Frage: Und was kommt jetzt noch? Was kann ich mir jetzt noch leisten? Sie ist ein Zustand des ständigen Hungers inmitten des Überflusses. Dieser ständige Hunger entsteht auch dadurch, daß die Mutter und im Gefolge die anderen Bezugspersonen und die biologischen Gegebenheiten der Umwelt nicht als von Natur aus nährend erlebt wurden und werden. Die Lebensgrundlagen mußten und müssen der Mutter bzw. der Umwelt in der Phantasie »entrissen« werden. Das führte und führt zu einem ständigen Kampf *gegen* die Außenwelt. Befriedigung und Sattheit können nicht zugelassen werden, weil dieser Zustand im narzißtischen Bewußtsein Abhängigkeit und Ohnmacht bedeutet. Nur wer ständig hungert, hat in diesem System immer einen *Anspruch* an die Umgebung. Er kann sie mit Hilfe seines permanenten Ungesättigtseins und über die Schuldgefühle der Umgebung jederzeit dazu zwingen, ihn nicht zu verlassen. Wer satt ist, kann ruhig einschlafen und seine Mutter loslassen. Aber wir können zum großen Teil nur noch (erpresserisch und raubend) *gegen* die Mutter (Erde) und *gegen* das Leben leben, weil wir sonst unsere Besitzansprüche, unsere Macht aufgeben müßten, die uns zur Ersatzsicherheit geworden sind.

In der Energie- und Umweltpolitik ist diese kollektive Beziehungsstörung besonders deutlich zu erkennen. Der übermäßige Verbrauch an Fremdenergie und die wahnhaft anmutende Vorratshaltung an überflüssigen Energiereserven sind Ausdruck unserer Angst, die Herrschaft über unsere Umwelt zu verlieren. Mit entsprechenden Kapazitäten an Fremdenergie kann man sich die Phantasie erfüllen, durch einen Knopfdruck, also durch eine persönliche Aktivität, die die eigenen Körperkräfte sicher nicht überfordert, die Welt zu bewegen. Dieses Prinzip steckt im Grunde genommen in jeder Maschine. Jedes Auto ist ein Thron für absolutistische Herrscher. Ein kleiner Fußtritt auf das Gaspedal befördert den Fahrer mit einer Geschwindigkeit und Bequemlichkeit von einem Ort zum anderen, die seine natürliche Fortbewegungsmöglichkeit weit übersteigen. Gleichzeitig ist dabei die übergroße Empfindlichkeit und Abhängigkeit des absolutistischen Herrschers berücksichtigt: Er braucht sich nicht anzustrengen und scheint unverletzbar zu sein.

Diese Art »absolutistischer« Herrschaft ist uns selbstverständlich und unverzichtbar geworden. Selbstverständlich gebietet der absolute Herrscher über das Leben seiner Untertanen. Selbstverständlich schädigen wir durch unsere Machtansprüche die Umwelt und unsere Mitmenschen bis zum Mord im Straßenverkehr, der als dessen unvermeidliche »Nebenwirkung« angesehen wird. Wie groß muß die latente Angst sein, alle diese Bequemlichkeiten und Sicherheiten zu verlieren! Weil die Angst des in jeder Weise extrem empfindlichen Herrschers, der wegen seiner Empfindlichkeit auf die totale Ausbeutung und Unterdrückung existentiell angewiesen ist, so groß ist, wird den »Systemveränderern« immer wieder vorgeworfen, sie wollten »zurück in die Steinzeit«. Da opfern wir schon lieber die

Lebensbedingungen unserer Kinder, als selbst in die Verunsicherung zu geraten.

Eine andere, besonders perverse Form unserer krankhaften Machtentfaltung ist die Anwendung der Atomenergie zu »friedlichen« Zwecken oder zur »Verteidigung«. Hier wird die Selbstzerstörung durch »imperialistische« Grenzüberschreitung am deutlichsten. Bestand die Überschreitung der eigenen Grenzen in den historischen Formen des Imperialismus in der Unterwerfung und Ausbeutung anderer Völker, so ist die Anwendung der Atomenergie wohl die schrecklichste Form eines Imperialismus in die Zukunft. Unsere eigenen Nachkommen werden unter dieser unserer Grenzüberschreitung schwer zu leiden haben, soweit wir ihnen überhaupt noch eine Umwelt hinterlassen, in der sie mehr oder weniger kümmerlich leben können. Die Verwendung der Atomenergie ist wie der »Krieg der Sterne« ein Prototyp krankhafter Machtphantasien gegen Ohnmachtsängste. Beide Projekte können aus *psychischen* Gründen bis jetzt nicht aufgegeben werde. Natürlich gibt es auch wirtschaftliche und politische Begründungen für diese Projekte. Diese sind aber alle wiederum Ausdruck unserer psychosozialen Strukturen und Phantasien. Wer in sich selbst noch keine Alternative zum Prinzip der Sicherheit durch Macht und Stärke hat finden können, der wird auch keine Alternative zur Atomenergie sehen können. Die ökonomischen und strategischen Begründungen für die Unverzichtbarkeit dieser Energieform kann ich aus psychoanalytischer Sicht nur als Rationalisierungen, als »Schutzbehauptungen« verstehen.

Am Beispiel der Atomenergie wird auch die Alternative zwischen Demokratie und zentralistischer Machtentfaltung deutlich. Seit 1935 besteht in Deutschland durch Gesetz ein staatliches Monopol zur Erzeugung und Bereitstellung von Elektrizität. Dieses Gesetz diente damals der Kriegsvorbereitung und unterstützt noch heute den politischen Zentralismus. Jeder kleine Stromverbraucher ist von der zentralen Energieversorgung abhängig, auch wenn er sich selbst billiger mit Strom versorgen könnte. Das macht die Riesenkraftwerke und den Einsatz der Atomenergie erst wirtschaftlich. Die Nutzung von Sonne, Wind und anderen erneuerbaren Energieformen würde eine Entmachtung der entsprechenden Wirtschaftszweige und der Politiker bedeuten, da solche Energieformen sinnvollerweise nur dezentral zu nützen sind. Und dezentrale Versorgungsstrukturen stellen diktatorische Herrschaftsstrukturen (zum Beispiel auch der Energieversorgungsunternehmen), die immer zentral und deshalb mit einem zunehmenden demokratischen Bewußtsein nicht zu vereinbaren sind, in Frage.

Die Nutzung der Atomenergie ist auch deswegen nicht mit demokratischem Bewußtsein vereinbar, weil Atomkraftwerke, Wiederaufbereitungsanlagen und Atomwaffen materielle Zusammenballungen von Macht und Gewalt sind, die ständig militärisch geschützt werden müssen. Wie die verhärtete Abwehrstruktur eines paranoiden Menschen nicht nur zu dessen psychischer Sicherheit beiträgt, sondern auch seine Unsicherheit und Angst erhöht, so provozieren alle Zusammenballungen von Gewalt, seien sie psychischer, struktureller oder materieller Natur, das Entstehen von Gegengewalt, die wiederum durch militärische oder strukturelle Gewalt in Schach gehalten werden muß[9]. Die Anwendung von Atomenergie führt zum »radioaktiven Zerfall der Grundrechte«[10], und umgekehrt führt die Zunahme von demokratischem Bewußtsein in der Bevölkerung zum Verzicht auf jede Art von Nutzung dieser Energieform. Atomenergie und Demokratie schließen sich gegenseitig aus.

Wenn man diese gesellschaftlichen und politischen Probleme unter dem Gesichtspunkt der kollektiven Psychopathologie betrachtet, ist freilich auch zu fragen, ob die Suizidalität unserer Gesellschaft nicht schon so weit fortgeschritten ist, daß der gemeinsame Selbstmord unausweichlich ist. Entsprechende Phantasien sind derzeit in den Endzeitphantasien mancher religiösen Strömungen zu erkennen. Die Visionen vom herannahenden Endkampf zwischen den Guten und den Bösen scheinen noch einmal eine letzte antidepressive Wirkung zu entfalten.

Zwar stimmt es sicher, daß kein Volk den Krieg wirklich will, und vor allem nicht einen Krieg, der wie heute den Untergang der ganzen Menschheit mit sich brächte. Man kann sich auch kaum vorstellen, daß ein Volk oder alle Völker den Untergang durch eine globale oder schleichende ökologische Katastrophe *bewußt* wirklich wollen. Aber vielleicht geschieht die Entscheidung über Krieg und Frieden, über Untergang und Weiterleben doch *unbewußt* im Zusammenspiel der Phantasien der Völker und ihrer politischen und religiösen Führer? Vielleicht macht das zu erwartende Erleben der eigenen Beschränktheit sowohl den Völkern als auch ihren Führern so viel Angst, daß sie sich lieber vorher gegenseitig und damit auch sich selbst umbringen?

Möglichkeiten der Gesundung: das »Neue Denken«

Ich glaube, daß auf diese angstvollen Fragen auch von seiten der Psychoanalyse keine eindeutigen Antworten oder prognostischen Einschätzungen gegeben werden können. Wir können nur hoffen, daß die Bewußtseinsveränderung noch Hilfe bringen kann, bevor alles zu spät ist. Den schon erkennbaren Impulsen in Richtung auf eine allmähliche Gesundung ist gemeinsam, daß der Kampf *für* die fundamentalen Lebenbedürfnisse, um gesunde Luft, sauberes Wasser, gutes Essen, gute Kleidung, befriedigende Kontakte und um mehr Demokratie, aufgenommen wird. Von Askese, Triebunterdrückung oder von nötigen Opfern spricht niemand mehr, der sich ernsthaft um eine Veränderung bemüht. Insofern hat sich schon vieles geändert. Aber von vielen wird immer noch der Verzicht auf die Ersatzbefriedigung mit dem Verzicht auf das Leben verwechselt, und so können sie den Gewinn, der in diesem Verzicht liegt, nicht erkennen.

Mit Gewalt sind die Symptome der Macht jedenfalls nicht zu beseitigen. Aber es hilft schon, wenn man sie als Kompromißbildungen versteht, in denen immer auch der Lebenswille – oft sehr versteckt und pervertiert – enthalten ist. Es hilft auch, wenn man nicht der traditionellen Trennung zwischen materiellen und psychischen Bedingungen folgt, wenn Symptom und Bewußtsein nicht unabhängig voneinander betrachtet werden. Selbstverständlich ist das Bewußtsein des einzelnen von den gesellschaftlichen Gegebenheiten psychischer und materieller Art abhängig, aber die Abhängigkeit besteht auch umgekehrt: Das kollektive Bewußtsein und seine strukturellen und materiellen Ausformungen werden durch die Bewußtseins- und Beziehungsstruktur jedes einzelnen mitgeprägt.

Aus dem Verständnis dieses Zusammenspiels entwickelt sich für den einzelnen sowohl die Motivation als auch eine Vorstellung über mögliche Wege zur Veränderung des Ganzen. Nur wer sich betroffen fühlt, hat einen Anlaß, sich zu wehren. Nur wer sich beteiligt sieht, weiß, was er selbst zur Veränderung beitragen kann. Das Lebendigwerden sozialer Systeme fängt beim Individuum an. In kleinen dezentralen Gruppen, die für den einzelnen überschaubar sind, vollzieht sich gegenwärtig die Entwicklung demokratischen Bewußtseins. Es bilden sich neue Vorstellungen über sozialen Widerstand, die nicht mehr Gewalt und Überwältigung als mögliche Methoden der Veränderung sehen, sondern die psychische Gesundung des einzelnen in der Gruppe und so auch in der Gesellschaft anstreben.

Zunehmender Mut, in Konflikten erkennbar zu werden und mit politischen Gegnern oder Andersdenkenden Kontakt aufzunehmen, bringt eine Differenzierung der »amorphen Masse« und die zunehmende Unregierbarkeit einer lebendiger werdenden Bevölkerung mit sich. Schulterschluß und Gleichschritt in einer Gruppe werden als pathologische Beziehungsformen angesehen, die gefährlich sind, weil sie totalitäre Regime und einen totalitären Umsturz ermöglichen. Viele kleine gesunde »Zellen« bilden sich, die sich gegenseitig informieren und helfen und die politisch erkennbar werden, indem sie demonstrieren, Leserbriefe schreiben, an Abgeordnete und Behörden schreiben, mit Andersdenkenden Kontakt aufnehmen und kontroverse Veranstaltungen und Gespräche versuchen. Solche gesunden »Zellen« sind weniger von Spaltung und Wucherung bedroht als autoritär formierte Kadereinheiten. Soweit sie fähig sind, ihre Konflikte in der eigenen Gruppe auszutragen, brauchen sie diese nicht nach außen zu verschieben oder eine gemeinsame Heilsideologie zu bilden.

Auch die Auflösung des individuellen und des kollektiven Narzißmus ist an verschiedenen Stellen unserer Gesellschaft zu erkennen. Immer mehr Menschen versuchen, ihr persönliches, menschliches Maß zu finden und so der Hypertrophie in Konsum und Leistung zu entgehen. Die heilenden Fragen sind: Bin ich zufrieden mit mir und meiner Beziehung zur Umwelt? Was muß ich tun, um noch zufriedener zu werden? Diese Fragen ersetzen die typisch narzißtischen Lebensfragen, wie: Bin ich richtig? Bin ich mächtig? Bin ich der/die Größte? Bin ich der/die Schönste? Bin ich gesichert gegen alle Feinde und Rivalen? Die imperialistische Grenzüberschreitung nimmt von selbst ab, wenn die Genußfähigkeit zunimmt.

Mit der fortschreitenden Auflösung der narzißtischen Störung verändert sich auch die Qualität der zwischenmenschlichen Beziehungen. Nicht nur in der Politik im engeren Sinne, sondern auch in der nach Ulrich Beck *eigentlich* mächtigen »Subpolitik«, in der Wirtschaft, Wissenschaft und Technik, sehe ich Ansätze zu einem »Neuen Denken« und zu neuen Beziehungsformen, wenn man sie auch, besonders im Bereich der Wirtschaft, oft »mit der Lupe« suchen muß. Das Prinzip dieses neuen Bewußtseins besteht darin, daß der andere Mensch, das Tier, die Pflanze und auch die unbelebte Umwelt nicht mehr nur als »Ressource« angesehen, sondern als ein Gegenüber geachtet werden. Wo die gegenseitige Abhängigkeit zwischen dem Menschen und seiner Umgebung erkannt wird, verhält man sich weniger selbstmörderisch. Man versucht nicht mehr, sich selbst auf Kosten der Umgebung zu retten, sondern rettet die Umgebung zusammen mit sich selbst. Es geht dann in Politik, Wirtschaft und Wissenschaft nicht mehr darum, die sicherste Methode zur Bewältigung oder Überwältigung des »Objekts« zu finden und unerwünschte Reaktionen dieses »Objekts« als »Nebenwirkungen« oder »Restrisiko« in Kauf zu nehmen.

Im »Neuen Denken« ändern sich die Ziele und die Methoden. In der Medizin und in der Psychotherapie ist nicht mehr der (gewaltsame) Sieg über die Krankheit das Ziel, sondern der Versuch, Leben im Sinn von Lebendigkeit zu erhalten, wo immer es möglich ist, und den existentiellen Bedrohungen des Lebens nicht durch Verleugnung auszuweichen. In der Landwirtschaft und Industrie geht es nicht mehr nur um die Steigerung der Produktion. Man sieht, daß die ständige Produktionssteigerung auf die Dauer jede Produktion verhindern wird, wenn nämlich die Natur so geschädigt ist, daß sie uns nicht mehr ernähren kann. Das Prinzip des veränderten Denkens betrifft sowohl das Beziehungserleben als auch durchaus »rationale« ökonomische Überlegungen und Interessen. Hier besteht dann kein Widerspruch mehr zwischen »idealistischen« Vorstellungen und »handfesten« Interessen: Eine *realistische* Einschätzung unserer Möglichkeiten geht von der Notwendigkeit des Miteinander zwischen Mensch und Mensch, und zwischen Mensch und Natur aus.

So gibt es Ansätze zu einer auf den Gegenstand als auf ein Gegenüber bezogenen Wissenschaft und Technik, zu einer nebenwirkungsfreien Medizin und auch zu einer »sanften« Politik. Wesentlich an diesen Ansätzen ist, wie gesagt, einerseits, daß die Reaktion des »Gegenstandes« (der Bevölkerung, des Patienten, des Tieres, der Pflanze, der Umwelt insgesamt) als dessen Antwort auf die Art verstanden wird, wie mit ihm umgegangen wurde. Das wäre das dialogische Prinzip, angewendet auf Politik, Wirtschaft, Wissenschaft und Technik. Andererseits phantasiert sich das Subjekt, der Politiker, Wissenschaftler, Therapeut usw., in diesen Ansätzen nicht mehr als außerhalb des von ihm betrachteten Systems stehend, sondern als Teil des Systems, als einen Teil, der in seinen Aktionen und Reaktionen von allen anderen Teilen des Systems abhängig ist.

Für diesen Prozeß der Veränderungen kann es keine Führer geben, die den Weg vorschreiben. Es gibt auch keine Psychotherapeuten für die Gesellschaft, die außerhalb des Systems stünden und deshalb alles überblicken könnten. Die Phantasie, andere bewegen oder »heilen« zu können und zu müssen, hat sich als narzißtische Größenphantasie herausgestellt. Veränderungen in Richtung auf mehr Lebendigkeit vollziehen sich »netzförmig«, nicht in »Schlachtreihen« oder in strenger (linearer) Gefolgschaft von Gurus (vgl. das 1. Kapitel).

Was bleibt, ist die Chance für jeden einzelnen, neben all der wachsenden Bedrohlichkeit und scheinbaren Aussichtslosigkeit auch die vielleicht minimalen Ansätze der gemeinsamen Gesundung wahrzunehmen und sich daran zu beteiligen, anstatt in der kollektiven Resignation und Gleichgültigkeit zu verharren. Glücklicherweise ist dieser Veränderungsprozeß nicht auf eine gewalttätige Moral oder auf eine asketische, das Leben einschränkende Vernunft angewiesen. Ich glaube, wir hätten wirklich keine Chance, wenn für die Veränderung noch einmal erhöhte »Zucht und Ordnung« nötig wären. Wir haben nur eine Chance, wenn wir uns selbst und anderen deutlich machen, daß es um das Durchsetzen eines *größeren* Anspruchs geht, nicht um die Zurücknahme von Ansprüchen.

Hilfreich ist dazu die Erkenntnis, daß unsere Größenphantasien uns nicht nur ins gemeinsame Unglück führen, sondern daß sie nicht einmal realisierbar sind. Der im 1. Kapitel ausgeführte Gedanke vom »doppelten Vorteil« scheint mir in diesem Zusammenhang sehr wichtig zu sein. Man erspart sich durch das veränderte Denken und Handeln nicht nur die lebensbedrohende Gefahr, sondern auch eine (ökonomische) Überforderung. Die Atomkraft ist weder beherrschbar noch billiger als andere, ungefährlichere Energien. Und die Umweltverschmutzung kostet die Volkswirtschaft weit mehr, als sie ihr einbringt[11]. Ich halte es für ein großes Glück und für eine große Chance, daß sich allmählich auf immer mehr Gebieten herausstellt, daß die Ausübung von Macht und Gewalt *nur* ein Verlustgeschäft ist, in jedem Sinne des Wortes. Die Befriedigung unserer originären körperlichen, seelischen und geistigen Bedürfnisse als Menschen, die inmitten der Natur und nebeneinander, nicht übereinander oder gegeneinander stehen, ist letztlich in jeder Hinsicht vorteilhafter als der Ersatz, den uns unsere gemeinsame narzißtische Phantasie als so »schön« und »wertvoll« vorgegaukelt hat.

3. Der Kampf gegen die Abhängigkeit macht abhängig

Suchtprobleme

Im letzten Kapitel war bereits die Rede von der Sucht, die eng mit der narzißtischen Persönlichkeits- und Gesellschaftsstruktur verbunden ist. Im allgemeinen sprechen wir von Sucht bei Drogenabhängigkeit und Alkoholismus. Schon die Nikotinabhängigkeit ist so weit verbreitet, daß viele sie für »ganz normal« halten. Und was normal ist, ist keine Krankheit. Das Etikett »süchtig« haben wir für die Randzone unserer Gesellschaft reserviert. Alkoholismus und Nikotinabhängigkeit im »Mittelfeld« oder an der »Spitze« sind normal, erklärbar durch die große Belastung, die unsere »Verantwortlichen« tragen müssen.

Ob etwas als Sucht bezeichnet wird und wie sehr die Sucht verurteilt wird, hängt davon ab, wer sie hat. Die Sucht der Herrschenden und der »Normalen« wird nicht oder nur vorsichtig als solche benannt und zumeist mit irgendeinem »Sachzwang« entschuldigt. Die Sucht der »Randgruppen« wird neben vielem anderem zur weiteren Diffamierung dieser Mitmenschen verwendet. Ihre Suchtmittel werden als extrem gefährlich eingestuft und verboten, während die Suchtmittel der Herrschenden zum Bruttosozialprodukt beitragen.

Natürlich sind auch die Suchtmittel selbst unterschiedlich. Die Menschen am Rand unserer Gesellschaft brauchen und gebrauchen andere Aufputschmittel gegen ihre Verzweiflung und Angst als die »Normalen«. Sie sind viel offensichtlicher suizidal als diejenigen, die vordergründig von der ungleichen Verteilung der Macht profitieren.

Um die Trennung zwischen der »schmutzigen« und der »sauberen« Sucht zu relativieren, möchte ich hier versuchen, die psychodynamischen und soziodynamischen Grundprinzipien der Sucht genauer zu sehen. Auf diesem Wege werden uns viele Symptome und Verhaltensweisen begegnen, die wir normalerweise nicht als Ausdruck von Abhängigkeit im Sinne der Sucht erkennen.

Bei der Darstellung der »Symptome der Macht« im vorigen Kapitel sind wir schon einigen Ursachen der Sucht begegnet. Wir sahen die Angst vor der Lebendigkeit, vor Kontakt und Berührung, die Angst vor dem Kleinsein, vor dem Zu-klein-Sein, die Angst vor Feinden, die Angst vor dem »Verhungern« als Ausdruck der Angst vor dem Untergang. Wir sahen aber auch die Angst vor dem Machtverlust, die Angst vor Liebesverlust und vor der Langeweile, die Angst vor der Angst, vor der Wahrnehmung der Realität, und die Angst vor dem Erkennbarwerden in Konflikten, vor Verletzungen und Demütigungen. Damit sind bei weitem nicht alle Formen der Angst aufgezählt, die zur Sucht führen. In jedem einzelnen Fall hat die Angst ihre spezifischen Facetten. Und doch ist die Grundform oder eine wichtige Grundform all dieser Ängste die Angst vor der Abhängigkeit. Könnten wir uns auf unsere Abhängigkeit von unseren Mitmenschen und von der uns umgebenden Umwelt mehr einlassen und verlassen, wir bräuchten weniger Angst mit den verschiedenen Suchtmitteln totzuschlagen.

Es scheint ein Widerspruch zu sein, wenn ich behaupte, daß der Kampf gegen die Abhängigkeit abhängig macht. Das ist natürlich derselbe Widerspruch wie die Behauptung, daß der Versuch, den Untergang zu vermeiden, in den Untergang führt. Unsere normale bewußte Logik kann da nicht folgen.

Für die »Psycho-Logik« des psychoanalytischen Denkens jedoch ist diese Behauptung kein Widerspruch. Wenn die verschiedenen Bedeutungen der Begriffe Abhängigkeit und Untergang voneinander unterschieden werden, löst sich der scheinbare Widerspruch auf.

Nach psychoanalytischer Erkenntnis ist die Angst vor der Abhängigkeit ein Zeichen von psychischer Schwäche, die jeder von uns in gewissem Maß hat. Jeder einzelne und unsere Gesellschaft als ganze fürchtet die Realität, und zwar ganz besonders die Realität unseres Lebens und Sterbens (vgl. Kapitel 1). Wir fürchten unser Ausgeliefertsein, unsere Abhängigkeit von gesunder Luft bei jedem Atemzug, von Nahrung, Kleidung und Wohnung, und nicht zuletzt fürchten wir das Erleben unserer (realen!) Abhängigkeit von zwischenmenschlicher Zuwendung, Liebe und Solidarität. Durch diese Abhängigkeit ist unser Leben de facto sehr riskant. Die Wahrnehmung dieser realen Risiken, die wir niemals »in den Griff bekommen« können, macht uns Angst, und so unternehmen wir die vielfältigsten Anstrengungen, um das Leben scheinbar doch in den Griff zu bekommen. Diese Anstrengungen kann man prinzipiell alle als Suchtmittel bezeichnen, weil sie alle dazu dienen, die Angst vor der Abhängigkeit, vor der Verletzlichkeit des Menschseins zu beseitigen. Bei manchen Menschen ist diese Angst besonders groß. Deswegen müssen sie besonders anstrengende und sich und andere besonders schädigende Versuche unternehmen, um diese Angst in Schach zu halten.

Durch die scheinbare Befreiung von der realen Abhängigkeit geraten wir aber in eine neue, eine künstliche Abhängigkeit – jetzt von der jeweiligen »Droge«. Die latent weiterhin wirksame Angst und die Gewöhnung an die Ersatzbefriedigung und an die Scheinberuhigung binden uns mit großer Kraft an unsere Suchtmittel. Diese Suchtmittel haben im wesentlichen zwei Aufgaben: Sie stellen uns scheinbar zufrieden und schützen uns vor dem Gefühl des Ausgeliefertseins. Die innere Leere und das Chaos depressiver Zustände kann man zum Beispiel durch zwanghaftes Lösen von Kreuzworträtseln verdrängen. Die Zufriedenheit – die solche Betätigung oder auch eine ungeheure Arbeitsleistung schafft – besteht in dem Gefühl, wertvoll und erfolgreich zu sein, wo man sich sonst wertlos und minderwertig, und das heißt: nicht wert, geliebt zu werden, fühlen würde. Auch ein Gefühl von Macht, Kontrolle und Übersicht kann beim suchtartigen Kreuzworträtsellösen entstehen. Manche Menschen versorgen sich mit diesem Gefühl, indem sie viele andere Menschen »regieren« und minuziös kontrollieren. Die Angst vor dem eigenen inneren Chaos kann durch Wendung nach außen und durch Kontrolle der anderen beseitigt werden.

Das Gefühl, ungeborgen, ausgeliefert und ständig bedroht zu sein, haben wir ebenfalls mehr oder weniger alle, wenn auch in unterschiedlichem Maß. Soweit wir als Kinder in unseren Familien nicht Geborgenheit fanden, sondern unseren Eltern wegen deren »Sucht« eine Scheingeborgenheit liefern mußten, haben wir wenig Vertrauen in uns selbst und in andere. Abhängigkeit macht uns deshalb grundsätzlich Angst.

Eine latente Wut über diese primäre Ungeborgenheit bestimmt die lebenslange Suizidalität vieler Menschen. Sie können kaum für sich sorgen und schädigen sich unentwegt, sei es durch Drogen irgendwelcher Art, sei es durch Unfälle, Suizidversuche, Beziehungsabbrüche, oder auf andere Weise. Im Unbewußten wird die fehlende Mutter lebenslang für diese Selbstzerstörung verantwortlich gemacht. – Aber ist nicht unsere ganze Gesellschaft in einem Zustand, der dem hier beschriebenen gleicht? Genügt es, die »armen Süchtigen« zu beschreiben, zu bedauern und eventuell zu behandeln? Werden vielleicht die »gescheiterten Existenzen« in unserer

Gesellschaft deswegen so entwertet (und entwerten sie sich selbst), weil unser aller Existenz dabei ist zu scheitern?

Die mörderische Qualität der Sucht wird besonders deutlich, wenn wir hören, daß jedes Jahr in der Bundesrepublik 1800 neugeborene Babies an der sogenannten Alkoholembryopathie leiden, an Minderwuchs, Untergewicht, Gehirnschäden oder an Fehlbildungen verschiedener Art. Der Alkoholkonsum der Mutter während der Schwangerschaft hat sie so schwer geschädigt. Mütter, die sich selbst nicht schützen können, können auch ihre Kinder nicht schützen. Menschen, die sich selbst nicht schützen können, zerstören auch ihre Umwelt. Die Unfähigkeit der einzelnen zu leben betrifft immer auch deren Bezugspersonen mit.

Dabei ist gerade bei so auffällig Süchtigen die Angst vor Liebesverlust und der Wunsch nach Geborgenheit ganz besonders groß. Sie meinen oft, deshalb nicht geliebt zu werden oder nicht geliebt werden zu können, weil sie nicht schön oder reich genug sind, und umgeben sich deshalb suchtartig mit Ersatzschönheit und mit Luxus jeder Art. Trotzdem bleibt die Befriedigung aus, denn das Nichtgeliebtwerden liegt nicht an mangelnder Schönheit oder an fehlendem Reichtum, sondern an der eigenen Unfähigkeit, zu leben und zu lieben.

In der Konkurrenzgesellschaft lebt jeder gegen jeden, obwohl oder weil jeder ganz besondere Angst vor der Konkurrenz hat. Der Wunsch nach Geborgenheit und Unverletztheit ist pervertiert in Gewalttätigkeit gegen sich selbst und gegen andere. Auch diese Gewalt ist ein Suchtmittel. Weil sie die eigene Verletzbarkeit schützt, kann man nur so schwer auf sie verzichten. Mit Hilfe der verschiedensten »Dopingmittel« wird ständig versucht, der Größte zu bleiben, weil der Größte scheinbar der Sicherste und der Glücklichste ist. Unsere Sportler machen es uns vor. Die Phantasie von einem Leben in Freiheit von Angst und

Schmerzen, die Phantasie von der Omnipotenz und der Freiheit des Willens und des Wollens, die Phantasie von der Unabhängigkeit von anderen Menschen, diese Phantasien ersetzen uns das, was wir wirklich brauchen: Nähe und Geborgenheit miteinander.

In unseren politischen Phantasien und Beziehungen ist die Gewalttätigkeit aufgrund von Überempfindlichkeit besonders relevant. Zumeist ist die Überempfindlichkeit der Mächtigen und Gewalttätigen ihnen selbst und den meisten anderen aber nicht bewußt. Und auch die Gewalttätigkeit selbst bleibt oft unbewußt, vor allem, wenn sie die gesetzlichen Regeln der Demokratie oder die »selbstverständlichen« Methoden der Wirtschaft und der Industrie als Waffen verwendet.

Paradiesphantasien in der Politik

Aber die Gewalt ist nur *eine* »Droge« zur Vermeidung von Angst und Unsicherheit in unseren politischen Beziehungen. Andere Drogen, an denen wir mehr oder weniger suchtartig hängen, sind z.B. die Beruhigung und Verharmlosung von Angst und Gefahr, die Phantasie von der Machbarkeit des Glücks, die Geborgenheitsgefühle in Gruppen mit gemeinsamem Feind (»Einigkeit macht stark«), der Machtgewinn durch propagandistisches Schüren von Angst (bei den jeweiligen Anhängern) vor dem politischen Gegner, das Gefühl von Selbstsicherheit aufgrund politischer Mehrheiten. Alle diese und viele andere »Drogen« werden in *allen* Parteien und auch außerhalb der Parteien gegen die Angst vor der Abhängigkeit, Hilflosigkeit und Verletzlichkeit »eingenommen«.

Auch das »kontraphobische« Wahlverhalten von Anhängern *aller* Parteien hat letztlich eine ähnliche Grundstruktur wie die Drogenabhängigkeit. Je größer die Angst und die Gefahr, desto mehr werden in manchen Bevölkerungskreisen politische Vertreter gewählt, die die Gefahren verharmlosen. Die jeweiligen Führer (ob schwarz, ob grün) sollen das Paradies, d.h. die Unverletzbarkeit herstellen. Damit man die reale Gefährdung nicht sehen muß (weil man glaubt, sie nicht aushalten zu können), damit man die eigene Unfähigkeit und die Unfähigkeit *aller* Politiker, dieses Paradies herzustellen, nicht betrauern muß, phantasiert man in zwei Richtungen:

- Entweder stellt man sich vor, das Paradies sei schon hergestellt. Es kann ja nicht sein, daß unsere Politiker uns vergiften oder verstrahlen lassen, also ist es auch nicht so. Diese Omnipotenzphantasie wird in folgendem Witz über den »Landesvater Strauß» deutlich: Seine Tochter war während des Reaktorunfalls in Tschernobyl schwanger. Daraus schließt ein guter bayerischer Bürger: »Tschernobyl *kann* ja gar nicht gefährlich sein, sonst hätte Strauß diese Schwangerschaft sicher nicht zugelassen.«
- Oder man lebt in der Phantasie: *Unsere* Politiker könnten das Paradies herstellen, wenn nur die *anderen* Politiker sie nicht immer daran hindern würden. Das Paradies wäre also herstellbar, wenn die politischen Gegner zumindest entmachtet wären.

In beiden Phantasien kommt die Rettung von außen. Es handelt sich dabei aber nicht (oder nicht nur) um die Rettung vor Umwelt- und Kriegsgefahren, sondern immer auch um die Betäubung von Verlassenheits- und Wertlosigkeitsgefühlen. Das Selbstbild wird durch die Zugehörigkeit zur »richtigen« Gruppe positiv. Diese Bestätigung wird ständig gebraucht und wiederhergestellt, da ein unsicheres Selbstwertgefühl einem »Faß ohne Boden« gleicht. Es muß ständig (durch Drogen jeder Art) aufgefüllt werden und wird doch nie voll. Der Kampf ums Überleben ist zu einem Kampf um die (narzißtische) Überlegenheit denaturiert. Die Inhalte der »Suchtphantasien« sind unterschiedlich in den verschiedenen Lagern, aber die Abhängigkeit selbst ist ähnlich.

Die politischen Gegner spielen sich die »Drogen« auch gegenseitig zu. Die Art, *wie* die Grünen und Alternativen oft Umweltgefährdung aufdecken und anprangern (Schuldzuschreibung und Abwertung der anderen Seite zum Zweck des Machtgewinns und zur Befriedigung der eigenen narzißtischen Bedürftigkeit), verhindert häufig die Beseitigung der Gefahr. Die Folge solcher abwertenden Anklagen gegen die »Etablierten« ist Trotz und (narzißtischer) Prestigegewinn (»Gesicht wahren«) auf der anderen Seite. Die »Etablierten« bekommen dadurch die Droge »Sich-Überwertig-Fühlen« gegenüber den »Aktionisten, die sich nicht auskennen und immer nur alles ablehnen« zugespielt, die sie selbst wiederum zur Stabilisierung des eigenen narzißtischen Gleichgewichts brauchen.

Die für Drogenabhängige typischen Extremphantasien, überwertig bzw. minderwertig zu sein (Manie und Depression), sind wichtige Motive im politischen Handeln. Beide Phantasien stellen eine Verleugnung der Realität dar. Im (durch Drogengenuß hergestellten) Gefühl der Überwertigkeit wird die eigene Abhängigkeit von der Umwelt und von den Bezugspersonen geleugnet. Die paradiesische Unverletzbarkeit scheint herstellbar oder schon hergestellt zu sein. Man ist selbst der Retter, oder man hat den Retter bei der Hand, man hat ein selbstverständliches Recht auf totale Versorgung und auf absolut konfliktfreie Beziehungen. Der Teufel sind die anderen, aber der Teufel kann einem nichts anhaben – man ist ja so stark.

Fehlt die Droge, dann bricht dieses Überwertigkeitsgefühl zusammen. Der Mensch erlebt sich als hilflos, ausgeliefert und verletzbar. Die anderen sind immer noch der Teufel, aber der Teufel ist nicht mehr manipulierbar. Man kann ihm die totale Versorgung und den totalen Schutz nicht mehr abtrotzen. Im Gegenteil, die anderen werden zu übermächtigen und absolut böswilligen Verfolgern. Es bleibt nur noch der Selbstmord oder die Droge (die ein Selbstmord auf Umwegen ist).

Der vom Walkman abhängige Süchtige hüllt sich in eine künstliche Hülle aus Musik. Er verschafft sich dadurch einen scheinbar sicheren Schutz gegen die von ihm als verletzend und eindringend erlebten Geräusche der realen Umwelt. Er sieht nicht oder will nicht sehen, daß gerade dieser »Drogen-Schutz« besonders gefährlich ist, weil er den Bezug zur Realität vermindert. Auch der politisch Drogenabhängige vermeidet die Realität. Im (politischen) Machtkampf übersieht er die Stelle, an der er sich *persönlich* entscheiden kann und muß. Im Gefühl der Überwertigkeit überschätzt er die eigenen Möglichkeiten in politischen Aktionen (magisches Denken), im Gefühl der Minderwertigkeit unterschätzt er sie. In beiden Phantasien wird der Bezug zur Realität vermieden und damit auch die Chance und Notwendigkeit, zur Veränderung beizutragen.

Eine adäquate Realitätswahrnehmung ist immer durch Spannungstoleranz gekennzeichnet, die sich in dem Gefühl zeigt: Es ist schlimm oder schwierig, aber es gibt auch Möglichkeiten, das Leben nicht zu zerstören. Eine adäquate Realitätswahrnehmung produziert nicht die Phantasie, durch kurzfristige »Husarenstücke« die Welt verändern zu können. Die gesellschaftlichen und politischen Strukturen verändern sich auch (fast) unabhängig vom jeweils einzelnen. Alles was dieser einzelne tun kann, ist: auf Größenphantasien, aber auch auf die »Entschuldigung« durch Minderwertigkeitsphantasien, zu verzichten und so die Sicht auf die realen Möglichkeiten und Schwierigkeiten freizubekommen. Kurzfristige Aktionen oder Kampagnen sind wichtige Ereignisse, aber nicht Ursache, sondern eher Symptome gesellschaftlicher Veränderungen.

Freie Fahrt für abhängige Bürger

Der Slogan heißt freilich anders. Das Auto scheint uns die Freiheit zu bringen, jedenfalls wenn wir Freiheit und »freie Fahrt« gleichsetzen. Spätestens im Stau wird uns bewußt, welchen Grad an Freizügigkeit uns unsere überfüllten Straßen noch lassen. Aber das zeitweise Eingesperrtsein in Blech und Abgase und das Wissen um die Luftverschmutzung durch das eigene Auto hindern uns nicht daran, unser Auto weiterhin als eines der wichtigsten Symbole unserer Freiheit zu verstehen. Das hängt wohl damit zusammen, daß wir schon abhängig, autoabhängig geworden sind.

Wie andere Süchtige haben wir immer viele Begründungen, weshalb wir gerade jetzt nicht auf das Auto verzichten können. Aber erschreckend viele Autofahrer brauchen auch gar keine Begründung für ihr Autofahren. Autofahren ist selbstverständlich, ist männlich und macht frei. BMW wirbt für eines seiner Modelle mit dem Satz: »Ein Rennfahrzeug mit Straßentauglichkeit für Männer, die ihren Willen zum Siegen offen zeigen.« Deutlicher kann man den männlich-narzißtischen Exhibitionismus und den Militarismus auf den Straßen der Bundesrepublik kaum beschreiben. In der täglichen »Schlacht« aller gegen alle dient das Auto als erlaubte Waffe gegen den Schwächeren und als Beweis für die eigene Stärke, die mit »Risikobereitschaft« gleichgesetzt wird.

Dieses deutliche Muster der Angstverleugnung folgt genau dem Prinzip der Drogenabhängigkeit. Nur ist die Droge Auto die Droge der Herrschenden, und deswegen wird nichts gegen sie unternommen. Dieselben Politiker, die so sehr auf eine Kontrolle der Aids-Infizierten drängen, halten eine Geschwindigkeitsbeschränkung für unnötig. Das Rasen mit dem Auto ist (Abwehr-) systemkonform, die Verbreitung der Immunschwächekrankheit Aids ist es nicht. Sie stört das System der Verleugnung von Abhängigkeit, denn sie macht auf Krankheit, Schwäche und Tod aufmerksam. Kürzlich erfuhr ich, daß die »saubere« Stadt Zürich jetzt graue Leichenwagen einführen will anstelle der bisher schwarzen. Man soll den Tod nicht mehr sehen, und man produziert ihn doch täglich.

Das Fatale an diesem Geschehen ist, daß (reale) Abhängigkeit mit (suchtartiger) Abhängigkeit vertauscht wird und daß man gleichzeitig (suchtartige) Abhängigkeit mit Unabhängigkeit verwechselt. Der Autofahrer ist »selbstherrlich«, scheinbar sein eigener Herr. Er ist unabhängig von Fahrplänen, er steuert selbst und bestimmt selbst, wie schnell und wohin er fährt. Vor allem die jungen Fahrer unter 25 Jahren, in der Ablösungsphase vom Elternhaus, fahren im »Selbständigkeitsrausch« und kommen darin um. Mit Hilfe des Autos fühlen sie sich frei und groß, endlich nicht mehr bevormundet. Das Auto gibt ihnen auch die Möglichkeit, gegen gesetzliche Vorschriften und gegen die Polizei, den Vertreter ihres eigenen strengen Überichs, zu handeln. Und die »Väter« in der Regierung wagen es nicht, diesen »Freiheitsdrang« einzuschränken. Sie überlassen die Söhne dem Selbstmord. Durch Geschwindigkeitsbeschränkungen auch für diese Söhne zu sorgen würde auch nach der Einschätzung der »Väter« eine unzulässige Einschränkung bedeuten.

Manche sprechen von einem »natürlichen Trieb« des Menschen, sich schnell zu bewegen, von der Lust, in der Gefahr zu bestehen, von dem Rausch, sich an der Grenze zwischen Leben und Tod aufzuhalten. Ich kann solche Feststellungen nur für zynisch halten. Für mein Verständnis hat die Autoabhängigkeit mit der großen Angst zu tun, die sie verdeckt. Der »mutige« und spöttische Satz »Mein Auto fährt auch ohne Wald«, den man von manchen Jugendlichen hört, macht deutlich, daß es bei diesem Rasen um die extreme Zukunftsangst gerade der Jugendlichen geht und um ihr unbewußtes Wissen darüber, daß wir uns nicht werden retten können, wenn wir weiterhin so wenig fähig sind zur Besorgnis um uns selbst und um andere.

Das Auto mit seiner geschlossenen Karosserie vermittelt manchem das Gefühl von Geborgenheit in all der inneren und äußeren Ungeborgenheit. Aber es ist eben eine falsche Geborgenheit, eine Geborgenheit durch Isolation von der Welt, in der man sich bewegt, durch Isolation von den Menschen, die man nun nicht mehr persönlich trifft. Andere Menschen sind im Autoverkehr nur störend. Man muß warten, bis sie einem den Weg wieder frei machen. Man freut sich nicht, sie zu treffen. Und allzuoft geht diese »Isolationshaft« tödlich aus. Allzuoft wird die als Schutz gegen die »Feindseligkeit der Welt« gebrauchte Karosserie zum Sarg. »Wie die Lemminge rasen sie in den Tod«[1], so schreibt ein Polizeireporter – aus Angst vor dem Tod?

Heilung der Sucht?

Es stellt sich die Frage nach den Heilungschancen bei Drogenabhängigkeit im weitesten Sinn. Befragt nach den Heilungschancen der Drogenabhängigen im engeren Sinn, schütteln erfahrungsgemäß viele Psychotherapeuten den Kopf, insbesondere die Psychoanalytiker unter ihnen, die sich mit dem Erreichen von Drogen-Abstinenz alleine nicht zufriedengeben wollen[2]. Auch wenn sie sehr schwer herzustellen sind, möchte ich doch in großen Zügen die Bedingungen für eine grundsätzliche Heilung beschreiben, für eine Heilung, die nicht nur zur Entwicklung einer Ersatzsymptomatik führt, sondern das gestörte, ja teilweise zerstörte »System« grundsätzlich verändert.

Es gibt verschiedene Prinzipien und Wege, nach denen die Abhängigkeit der Süchtigen bekämpft wird. Das erste Prinzip ist das Verbot der Droge. Man verordnet dem Abhängigen eine Entziehungskur, damit er die Chance hat zu erleben, daß er ohne die Droge auch oder sogar besser leben kann als mit ihr. Eine Erfahrung, vor allem bei der Behandlung von Alkoholikern, ist die, daß kontrolliertes Trinken nicht möglich ist. Die Verführung zum Rückfall in den »grenzenlosen« Zustand der Unzuständigkeit ist für Alkoholiker schon beim Genuß von wenigen Tropfen Alkohol zu groß. So versucht man, sie zunächst einmal mehr oder weniger künstlich »trocken zu machen«. Dieser Zustand sieht psychisch oft zunächst so aus, als hätte man ein Brett über einen Sumpf gelegt. Der Sumpf darunter ist in gleicher Weise vorhanden wie vorher, und das Leben wird zum Balanceakt.

Für eine grundsätzliche (System-) Veränderung ist also mehr nötig als nur ein Verbot der Suchtmittel (das im internationalen Drogenhandel wie beim einzelnen Abhängigen schon schwer genug durchzusetzen und zu kontrollieren ist). Es ist mehr nötig als die reine Symptombekämpfung und die darin fast immer enthaltene Diffamierung und oft auch Bestrafung der Abhängigen. Wenn der UNO-Generalsekretär Pérez de Cuéllar auf einer internationalen Drogenkonferenz davon spricht, daß alle Teile der Erde in einem noch nie dagewesenen Ausmaß von der »Macht des Bösen« betroffen sind, wenn er sagt: »Wir sehen uns einem Übel gegenüber, das nicht nur Menschen zerstört, sondern die Grundfesten der Gesellschaft durch Korruption und Gewalt erschüttert, die Sicherheit von Nationen gefährdet«[3], dann mag er wohl recht haben. Aber die Abhängigkeit der »Sauberen« von den »Schmutzigen« und von der Bekämpfung der »Schmutzigen« sieht er nicht. Man erkennt sie an der Diffamierung, durch die eine differenzierte Analyse der Zusammenhänge verhindert wird. Wenn Nancy und Ronald Reagan, wie sie sagen, ein aggressives Programm entwickelt haben, mit dem Amerika drogenfrei gemacht werden soll, dann leben sie darin selbst, wie auch die Drogenabhängigen und die Drogenhändler, von der Spaltung in Gut und Böse, die ihrerseits eine Art von Sucht ist. Wenn man Symptome nur als die »Macht des Bösen« bekämpft, bekämpft man in ihnen eigene Schwächen und Ängste und wird in diesem Kampf auf die Dauer nicht erfolgreich sein. Die Ausgrenzung der Drogenabhängigen im engeren Sinn trägt zur Verschleierung der Tatsache bei, daß wir alle mehr oder weniger drogenabhängig sind.

Wir alle als die Süchtigen brauchen Verständnis für uns selbst und für unsere süchtigen Mitmenschen. Verständnis heißt nicht Entschuldigung, sondern eine genaue Analyse der psychodynamischen und soziodynamischen Zusammenhänge. Verständnis schließt auch Auseinandersetzung nicht aus. Im Gegenteil, es öffnet den Zugang zu den verschiedenen hier beschriebenen Ängsten und läßt die Suchtmittel zunächst einmal überhaupt als Suchtmittel und dann auch in ihrer Ersatzfunktion (Ersatzbefriedigung und Ersatzsicherheit) erkennbar werden. Daraus entsteht ein Gefühl für die Gefährlichkeit der Auseinandersetzung und ein Verständnis dafür, weshalb sie bisher vermieden wurde. Die Auseinandersetzung wird differenzierter, sie enthält weniger Anklagen. Wenn wir »die Gesellschaft« nur anklagen, dann tun wir im Prinzip nichts anderes als das Ehepaar Reagan, das sich und (im Auftrag) seine Anhänger durch diese Anklagen von der Not der anderen abzusetzen versucht.

In dem eben schon zitierten Bericht über die Weltdrogenkonferenz der UNO war auch zu lesen, daß Bundesgesundheitsministerin Süssmuth dafür plädierte, den Bauern, die in Asien oder Südamerika Drogen anbauen, eine neue Erwerbsgrundlage zu schaffen. Das sei allerdings schwierig, weil sie mit dem Anbau von Drogen im Vergleich zum normalen Erwerb den 20- bis 30fachen Gewinn machen könnten. Auf internationaler Ebene sieht man hier dieselbe Szene wie bei den einzelnen Abhängigen, wie bei jedem von uns: Es ist ungeheuer schwer, auf den scheinbar so viel höheren Gewinn zu verzichten, den wir aus unserer Abhängigkeit im Sinne der Sucht ziehen. Und außerdem besteht der Verzicht, psychologisch gesehen, nicht nur in materieller Einbuße, sondern auch in der Gefahr der Wiederkehr des Verdrängten, der verdrängten Angst und (realen) Abhängigkeit – eine Angst, die im wesentlichen auch unser kapitalistisches System stabilisiert.

Es bleibt also nur, den Gewinn zu suchen, der auch in diesem Verzicht liegt, den Gewinn an Menschlichkeit, Nähe und Kontakt. Hier wird mir oft Naivität vorgeworfen. Ich solle doch nicht glauben, daß dieses Bedürfnis nach Menschlichkeit irgend jemanden »hinter dem Ofen hervorlocken« könne. Da ich aber nichts anderes weiß und da meine Kritiker zumeist keine Alternative als die Gewaltanwendung vorschlagen, bleibe ich bei meiner Erfahrung, daß der Wunsch zu leben in allen Fällen neben der Angst vor dem Leben existiert und daß nicht die Schwäche dieses Wunsches das Problem ist, sondern die Größe der Angst.

Eine realistische Einschätzung der Chancen zur Hilfe bei dieser Sucht muß also die individuellen und kollektiven Ängste einbeziehen, z.B. die Ängste vor der »Kastration«, wenn Geschwindigkeitsbegrenzungen eingeführt oder Raketen abgeschafft werden sollen, die Ängste vor dem »Aufgefressenwerden« im Kontakt, wenn die »Isolationshaft« in ihren verschiedenen Formen aufgelöst werden soll, die

Ängste vor dem Zerstörtwerden, wenn in der Politik auf Gewalt verzichtet werden soll. Das sind freilich sehr große Hindernisse auf dem Weg zu mehr Menschlichkeit.

Trotzdem halte ich es für sinnvoll, sich diesen Weg immer wieder genau anzusehen. Oft wollen wir ihn gar nicht sehen, weil er uns zu schwierig zu sein scheint. Dieses »Wegschauen« verstehe ich noch einmal als Ausdruck von Angst. Es könnte sich ja herausstellen, daß ganz kleine Schritte auf diesem Weg doch möglich sind. Die Hindernisse sehen oft so groß aus, weil wir immer wieder glauben, Siebenmeilenstiefel besitzen zu müssen, um voranzukommen.

Ich will die Hindernisse aber nicht verharmlosen. Es geht um so schwierige Prozesse wie die Entwicklung der Fähigkeit zu trauern (vgl. Kapitel 7). Die Perversion der Geborgenheitswünsche in Gewalttätigkeit ist rückgängig zu machen. Ärger, Schmerz und Trauer müssen ausgehalten werden, aber auch die Lust am Leben. Und hier sehe ich immer die einzige Chance: das Wiederfinden der »Lebenswünsche« ohne Verleugnung der Abhängigkeit. Letztlich sind diese Wünsche der einzige Motor, der den Menschen das Leben wieder mehr riskieren läßt.

Allerdings haben die meisten Süchtigen (im engeren und im weiteren Sinn) nicht das Gefühl, vor eine Wahl gestellt zu sein. Sie sehen nicht, daß sie sich prinzipiell entscheiden können, ob sie ihr beschränktes Leben in aller Verletzlichkeit und Konflikthaftigkeit leben oder ob sie sich selbst und eventuell auch andere mit Hilfe der verschiedenen Suchtmittel doch lieber umbringen wollen. Sie sehen nicht, daß sie diese Entscheidung täglich und stündlich treffen, nämlich die Entscheidung gegen das Leben und für den Tod. Ein großes Problem der Suchttherapie, aber im Prinzip jeder therapeutischen Veränderung, ist es auch, daß die Abhängigkeit selbst und vor allem die in ihr enthaltene Suizidalität als Gefahr nicht bewußt ist. So kann und braucht man sich gar nicht zu entscheiden. Die Abhängigkeit wird einfach mit »das ist mein freier Wille« kaschiert, und die Suizidalität als Gefahr wird nicht gesehen. Daß uns diese *Wahlmöglichkeit* bewußt wird, tut uns allen not. Die Entscheidung, ob wir lieber lebendig sein wollen oder tot, steht in jedem Moment des Lebens an, nicht nur grundsätzlich oder »später«. Wir befinden uns ja gar nicht »vor« dem Weg. Wir sind mittendarauf und entscheiden uns ständig in der einen oder anderen Weise, auch wenn wir das nicht wahrhaben wollen.

Das Bewußtwerden der Entscheidungsmöglichkeiten bringt es mit sich, daß wir die Verantwortung für uns wieder selbst übernehmen, die wir bisher an andere oder an »das System« abgegeben hatten. Unsere Fähigkeit zur Besorgnis wächst; das ist ein Teil des Demokratisierungsprozesses, um den es auch bei uns geht – nicht nur in der Sowjetunion. Die Fähigkeit, um sich selbst besorgt zu sein *und* gleichzeitig um andere, ist eine unabdingbare Voraussetzung für eine demokratische und das heißt auch: eine ökologisch denkende Gesellschaft. Diese Fähigkeit beruht darauf, daß die gegenseitige Abhängigkeit nicht verleugnet wird. Der Demokratisierungsprozeß bedeutet immer auch Verzicht auf Suchtmittel jeder Art. Er kann nur vorsichtig, schrittweise, langsam und gemeinsam vor sich gehen, weil die Angst so groß ist. Ich will ihn im nächsten Kapitel beschreiben.

4. Widerstand für mehr Demokratie

Demokratie bedeutet Herrschaft des Volkes. Seit der Antike haben sich Menschen darüber Gedanken gemacht, wie denn das Volk herrschen kann und soll. In unserer Zeit definierte Carlo Schmid die freiheitliche Demokratie als »die Chance, den Staat zu vermenschlichen«[1]. Nützen wir diese Chance, schaffen wir uns diese Chance? Oder verstehen wir unter Demokratie »die sichere Führung des Volkes zum Besten des Volkes«[2]? Oder setzen wir Demokratie in unserem Bewußtsein gleich mit Ruhe und Ordnung oder gar mit Kapitalismus?

Im Laufe meiner Forschung über Gesundheit und Krankheit zwischenmenschlicher Beziehungen bei Paaren, Familien und Gruppen, und schließlich auch über die Krankheitserscheinungen einer Gesellschaft wurde mir klar, daß der Begriff Demokratie für mich gleichbedeutend ist mit: gesunder Beziehungsstruktur, ja mit psychischer Gesundheit überhaupt, und das gleichermaßen beim Individuum wie in kleinen und großen Gruppen. Für mich bedeutet Demokratie also: die optimal genutzte Chance, zwischenmenschliche Beziehungen zu »vermenschlichen«, oder auch: in gesunder und das heißt, befriedigender Weise miteinander umzugehen.

Die Verfassung schützt nicht unser demokratisches Bewußtsein

So wichtig eine demokratische Verfassung für die Chance ist, relativ herrschaftsfrei miteinander umzugehen, so wenig ist doch durch eine solche Verfassung diese Umgangsweise garantiert. Demokratie, wie ich sie verstehe, hängt ab von dem demokratischen *Bewußtsein* jedes einzelnen Bürgers und des Kollektivs. Eine demokratische Verfassung ist Ausdruck des *Willens* zur Demokratie. Sie ist nicht Ausdruck der Demokratie*fähigkeit* eines Volkes. Wenn die Demokratiefähigkeit eines Volkes, sein demokratisches Bewußtsein längere Zeit hinter der freiheitlichen *Form* der Verfassung zurückbleibt, gerät auch die Verfassung in Gefahr. Es droht ihr in zunehmendem Maße die Uminterpretation zu machtpolitischen Zwecken, und es droht ihr die Außerkraftsetzung, spätestens im Falle einer Destabilisierung, zum Beispiel bei einer sozialen, wirtschaftlichen, kriegerischen oder ökologischen Katastrophe.

Das demokratische Bewußtsein des einzelnen hängt eng mit dem demokratischen Bewußtsein des Kollektivs zusammen. Das gilt für den Vorgang der Entdemokratisierung ebenso wie für den Vorgang der Demokratisierung. In einem Klima der Entdemokratisierung, der Zunahme von Herrschaft und Gewalt, wagen es viele einzelne immer weniger, ihren persönlichen Wünschen entsprechend zu leben und sich zu artikulieren. Umgekehrt nimmt die kollektive Gewalt mit jedem einzelnen zu, der beginnt, sich einzuordnen, sich nicht mehr als Individuum bemerkbar zu machen, »Gemeinnutz« für den Gegensatz von »Eigennutz« zu halten und deshalb auf seinen »Eigennutz« entweder zu verzichten oder ihn totalitär durchzusetzen.

Aber auch im Prozeß der Demokratisierung geht das Lebendigwerden des einzelnen mit dem der Gesellschaft

Hand in Hand. Das Prinzip der »Wiederkehr des Verdrängten«[3] ist im Individuum und im Kollektiv dasselbe. Der einzelne wird psychisch gesünder, wenn und soweit er weniger Wünsche, Gefühle und Ängste in sich unterdrückt. Je gesünder in diesem Sinne die einzelnen werden, desto gesünder, lebendiger wird das Kollektiv. Die »Symptome der Macht« nehmen ab in dem Maße, wie Unbewußtheit, die Grundlage von Macht und Ohnmacht, aufgelöst wird.

Demokratie beginnt beim einzelnen

Demokratisches Bewußtsein ist die Grundlage demokratischen Verhaltens. Ich möchte im folgenden dieses demokratische Bewußtsein beschreiben. Wegen der Zusammenhänge zwischen individueller und kollektiver Gesundheit gehe ich dabei von den Erkenntnissen über *die psychische Gesundheit des Individuums im Kollektiv* aus, wie sie sich mir in meiner bisherigen Forschung über familiäre und gesellschaftliche Beziehungsstörungen ergeben haben.

Ein psychisch gesunder Mensch ist fähig, Freude und Leid, Genußmöglichkeiten und Bedrohungen zu erleben, die in seiner und für seine Gemeinschaft entstehen. Er fühlt sich mitbetroffen von allem, was die Gemeinschaft betrifft. Er erlebt sich weder außerhalb der Gemeinschaft (d.h. darüber, darunter oder abseits stehend), noch identifiziert er sich mit dem Ganzen der Gemeinschaft. »Der Staat bin ich« ist eine ebenso krankhafte Phantasie wie: »Ich habe mit dem Staat nichts zu tun«. Es ist ein Ausdruck psychischer Gesundheit, wenn ein Mensch *seinen* Platz in der Gemeinschaft als solchen erkennt. Wenn dagegen ein Kind glaubt, es sei ein Erwachsener, wenn ein Erwachsener glaubt, er sei ein Kind, wenn eine

Frau glaubt, sie sei ein Mann oder umgekehrt, wenn ein Politiker glaubt, er sei alleine für alles verantwortlich und müsse deshalb alle Macht in Händen haben, wenn ein Nicht-Politiker glaubt, er sei nicht mitverantwortlich für das, was im Staat geschieht, dann werden durch dieses verschobene Bewußtsein der einzelnen die lebendigen Möglichkeiten aller verfehlt. Eine lebendige Veränderung kann man nur erreichen, wenn man in seinem Bewußtsein *die* Stelle in der Gemeinschaft einnimmt, an der man sich *wirklich* befindet. Das bedeutet auch, daß jede Verleugnung oder Verdrängung der wirklichen Gefühle eine Bewußtseinsverzerrung darstellt, die eine emanzipatorische Veränderung in der Gemeinschaft behindert. Das Erleben des *persönlichen* Betroffenseins von den Ereignissen oder Zuständen in der Gemeinschaft hat dagegen zur Folge, daß *adäquate* und damit auch erfolgreiche Versuche unternommen werden, das eigene Leben und das der Gemeinschaft befriedigend zu gestalten und notfalls zu schützen.

Leben ist Veränderung. Deshalb bedeutet die Teilnahme an der Veränderung auch Teilnahme am Leben. Veränderungen in Richtung auf mehr psychische Gesundheit setzen immer voraus, daß der Wunsch nach Freiheit und Selbstbestimmung größer ist als die Angst vor den Konflikten, die dann entstehen, wenn man versucht, seine Lebenswünsche in die Realität umzusetzen. Unter dem Begriff »Lebenswünsche« verstehe ich die Bedürfnisse nach körperlicher und seelischer Befriedigung und nach Sicherheit. Aber diese unsere Lebenswünsche sind uns zu einem großen Teil unbewußt. Denn in unserer Sozialisation erfahren wir, daß Wünsche, die über das Maß des kollektiv Zulässigen hinausgehen, abzuwerten sind. Also werden sie verdrängt, und durch die Verdrängung entstehen innere Normen, die den äußeren Normen entsprechen und diese aufrechterhalten.

Eine emanzipatorische Veränderung nimmt ihren Anfang im Verzicht auf die Unterdrückung und Diffamierung der eigenen Wünsche. Wenn die eigenen Wünsche und die damit verbundenen Gefühle nicht mehr für falsch oder für schlecht gehalten werden, beginnt der Mensch, sich zunehmend mehr von seinen *Bedürfnissen* bestimmen zu lassen als von den *Normen* innerhalb und außerhalb seiner Person.

Der Staat hat Möglichkeiten, die Wünsche seiner Bürger kompromißhaft zu befriedigen, indem er sie teilweise verwaltet. Aus Wünschen werden dann Rechtsansprüche, wobei diese Normierung von Wünschen zur Konfliktregelung dient, indem sie die Wünsche der einen im Konfliktfall den Wünschen der anderen unterordnet. Ein Austragen von *Konflikten* als emanzipatorischer Vorgang ist durch die Normierung und die Befolgung oder Durchsetzung von Rechtsansprüchen nicht möglich. Der »Rechtsstaat« ist also eine Kompromißbildung, die ständiger Veränderung bedarf, wenn die Gesellschaft nicht erstarren will. Freiheit und Selbstbestimmung beruhen auf dem Kontakt des Individuums zu seinen Bedürfnissen und bedingen eine permanente Infragestellung individueller und kollektiver Normen. Nur in einem solchen ständigen Veränderungsprozeß kann ein Bewußtsein dafür entwickelt werden, daß die Lebenswünsche der einen den Lebenswünschen der anderen in einer gesunden Beziehung *nicht* entgegenstehen, weil Leben und Überleben immer nur gemeinsam möglich ist.

Die hier beschriebenen Veränderungen werden vom einzelnen nur gewagt, wenn ihm nicht nur sein persönliches *Betroffensein* von allem bewußt ist, was die Gemeinschaft betrifft. Um Möglichkeiten zur Veränderung sehen zu können, ist auch die Erkenntnis der persönlichen *Beteiligung* an allem nötig, was geschieht und was nicht geschieht. Der Hegelsche Satz »Das Tun des einen ist das Tun des anderen«[4] zerfällt aber in unserer von Schuldbewußtsein und Schuldprojektionen geprägten Kultur zumeist in: »Was die anderen (Böses) getan haben oder tun, ist *nicht* das, was ich (guter

Mensch) getan habe oder tue.« Die Hopi-Indianer haben sich das Bewußtsein erhalten, daß sie für alles mitverantwortlich sind, auch für die Taten ihrer »Feinde«. Bei uns wird zwar die Möglichkeit, durch Provokation den Feind zur Gewalttätigkeit zu veranlassen, als Mittel der Politik verwandt, aber die Verantwortlichkeit derer, die die Gewalt bei ihren Feinden durch eigene Gewalttätigkeit (und sei es »legale« oder auch nur verbale Gewalttätigkeit) mit hervorrufen, wird zumeist nicht als solche erkannt. Wir sind gewöhnt zu denken, daß das Böse jeweils von den anderen, den »Bösen«, ausgeht und ausgeführt wird, während wir selbst nur auf diese anderen reagieren. Wir machen »die anderen« wohl für unsere Taten verantwortlich, fühlen uns selbst aber nicht mitverantwortlich für das, was die anderen tun.

Durch die Verleugnung der eigenen Verantwortung für das Tun der anderen entsteht das Gefühl der Ohnmacht diesen anderen gegenüber und daraus resultierend die Phantasie, die anderen nur durch eigene Übermacht bewegen zu können. So setzt sich das Spiel der Verwandlung von Ohnmachtsgefühlen in Machtphantasien immer weiter fort. Es scheint keinen anderen Ausweg aus der Ohnmacht zu geben als den der Machtentwicklung. Und wenn es nicht möglich ist oder ideologisch abgelehnt wird, selbst mächtig oder übermächtig zu werden, dann bleibt für den einzelnen oder den unterlegenen Teil der Bevölkerung scheinbar nur die Möglichkeit, passiv zuzusehen, wie sich bei anderen (politisch, militärisch, ökonomisch) Macht und Gewalt immer mehr konzentrieren.

Erkennt jedoch der einzelne seine Beteiligung am Zustand des Ganzen, dann glaubt er nicht mehr, erst eine irgendwie geartete Machtposition im System erreicht haben zu müssen (etwa einen Ministersessel oder die Mehrheit im Parlament), um Veränderungen in Gang zu setzen. Lebendige Veränderungen können nur bewirkt werden, wenn man an dem Platz, an dem man sich befindet (und sei es ein Ministersessel), zu verstehen versucht, was dieser Platz politisch bedeutet und welche Möglichkeiten es gibt, *hier* mündiger zu werden, *hier* abgebrochene, eventuell auch schwierige und ängstigende Kontakte wieder aufzunehmen, *hier* scheinbar selbstverständliche Loyalitäten in Frage zu stellen, usw.[5]

Demokratisches Bewußtsein als Grundlage demokratischen Verhaltens hat nichts mit einer abgehobenen Moral zu tun. Es besteht vielmehr im Erkennen und Ergreifen von Chancen, an *jeder* Stelle des Systems das Leben des einzelnen und damit gleichzeitig das Leben der Gemeinschaft befriedigender und sicherer zu gestalten. Es handelt sich dabei also eigentlich um einen gesunden Egoismus des einzelnen, der das Wohl des einzelnen nicht im Gegensatz zum Wohl der Gemeinschaft sieht. In diesem Sinne wird der Begriff »demokratisches Bewußtsein« dem Begriff »ökologisches Bewußtsein« sehr ähnlich, denn auch der Begriff »ökologisches Bewußtsein« ist um die Dimension der psychischen bzw. der politischen Beziehungen zwischen den Menschen zu erweitern. Ökologisches Bewußtsein setzt detaillierte Kenntnisse über das Zusammenleben von Menschen, Tieren und Pflanzen voraus, die zum Teil weit über das hinausgehen, was in unseren durchschnittlichen Alltagsbeziehungen und vor allem in unserem durchschnittlichen politischen Denken Bedeutung erlangt. Die Vorstellungen von Demokratie und Ökologie fallen deshalb zumeist auseinander, weil beide Begriffe nur im Sinne von Regelmäßigkeiten oder Regelhaftigkeiten verstanden werden. Das *Erleben* der Menschen, ihre bewußten und unbewußten Phantasien in bezug auf andere Menschen, aber auch in bezug auf Tiere, Pflanzen und die unbelebte Umwelt bleiben dabei ausgeklammert und sind doch so wichtig und folgenreich.

Daß im zwischenmenschlichen Bereich das Wissen um die Gesetzmäßigkeiten des Zusammenlebens fehlt, liegt nun aber nicht (oder zumindest nicht nur) daran, daß hier zuwenig

Forschung (z.B. psychoanalytische Friedensforschung) betrieben wird. (Zuwenig Forschung wird deswegen betrieben, weil die Ergebnisse dieser Forschung die bestehenden Machtstrukturen zu sehr in Frage stellen würden.) Das Wissen um die Gesetzmäßigkeiten zwischenmenschlicher Beziehungen – und hier vor allem um die Gegenseitigkeit, also die Dialektik von Beziehungen – vermindert sich automatisch bei demjenigen, der selbst Teil der untersuchten Beziehung ist. Die eigene Betroffenheit und vor allem die eigene Beteiligung am gemeinsamen Befinden unterliegt der Verdrängung, sobald ein Konflikt entsteht, der die Konflikt- oder Risikotoleranz des einzelnen übersteigt.

Ich möchte das noch deutlicher machen: Demokratisches Bewußtsein kann sich nur auf der Grundlage der persönlichen Konfliktfähigkeit vieler einzelner entwickeln. Ingeborg Bachmanns »Tapferkeit vor dem Freund« ist dazu nicht weniger wichtig als die häufiger geforderte »Tapferkeit vor dem Feind«. Gemeint ist hier aber nicht eine Tapferkeit, wie sie von Soldaten erwartet und bei ihnen bewundert wird. Es handelt sich hier sozusagen um einen »Mut an zwei Fronten«, um die Fähigkeit, zu zwei eventuell im Gegensatz zueinander stehenden Personen oder Lagern eine jeweils eigenständige Beziehung aufzunehmen und aufrechtzuerhalten. Dazu muß auf die (scheinbare) Sicherheit verzichtet werden, im Lager der »Freunde« dadurch geborgen zu sein, daß man gemeinsam mit diesen »Freunden« die im eigenen Lager verdrängten Anteile bei den »Feinden« projektiv bekämpft. Die Spaltung der sozialen Umwelt in »Gute« und »Böse«, in »zu mir Gehörende« und »nicht zu mir Gehörende« im Bewußtsein des einzelnen ist zutiefst undemokratisch und hat auch undemokratische Verhaltensweisen wie Unterdrückung und Krieg zur Folge.

Für einen Menschen, der in einem »gespaltenen« Familienklima aufgewachsen ist, ist es besonders schwer, bei Verunsicherung nicht mit der Produktion von Feindbildern zu reagieren. Er ist es gewöhnt, sich bei einem Konflikt zwischen den Eltern sofort einem der beiden als Gefolgsmann oder Stütze zuzuordnen. Er weiß sofort, wer Freund und Feind ist, und erwirbt sich so eine Pseudostabilität, in der er aber als *eigenständige* dritte Person nicht wichtig ist. Wichtig ist die rasche Spaltung der Umwelt und die eigene Zuordnung zum »guten« Lager. Jede Annäherung an den »Feind« wäre für den »Freund« so gefährlich und ängstigend, daß dieser mit Kontaktabbruch drohen würde. Eine Position als *dritte* Person, mit einer jeweils *eigenständigen* Beziehung zu *beiden* Eltern, können Kinder aus gespaltenen Beziehungen besonders schwer einnehmen und aufrechterhalten.

Soweit ein Kind diese dritte Position einnehmen kann, muß es Vater oder Mutter weder für gut noch für böse halten. Sie sind dann eben Vater und Mutter. Mit der Fähigkeit, diese eigenständige Position einzunehmen, steht und fällt die Fähigkeit, Konflikte auszutragen, ohne sie in kriegerische Zustände übergehen zu lassen. Für die Konflikt- und Friedensfähigkeit unserer Kinder können wir deswegen nichts besseres tun, als auftretende Verunsicherungen und Schwierigkeiten mit dem Partner oder der Partnerin auszutragen und nicht die Kinder als Bundesgenossen in einem Krieg gegen den Partner zu verwenden. Die Kinder wachsen sonst in dem Bewußtsein auf, daß das Leben ein Kampf um die Bündnisposition mit dem einen gegen den anderen ist und daß die Liebe zum Feind ebensowenig sein darf wie kritische Distanz zum Freund. Geraten sie selbst in Konflikte, dann werden sie sich an spontan in ihnen entstehenden Feindbildern orientieren und nicht an den unterschiedlichen Wünschen und Ängsten aller Konfliktpartner.

Die Konfliktfähigkeit vieler einzelner Menschen in einer Gesellschaft ist die sicherste Garantie gegen Faschismus und Krieg. Konfliktfähige Menschen verhalten sich entsprechend ihren eigenen Wünschen und Gefühlen. Sie bewegen sich nicht automatisch mit, wenn sich ein Führer oder eine Gruppe in einer bestimmten Richtung bewegt. Sie sind nicht starr mit ihren Führern oder Bündnispartnern verbunden und wagen es, bei entstehenden Konflikten die Ursache auch innerhalb der eigenen Person oder der eigenen Gruppe zu suchen. Diese Haltung stellt ständig Bündnisse und Loyalitäten in Frage. Dadurch entsteht eine lebendige Gruppe von Individuen, die sich ständig in Bewegung zueinander befinden, ihren jeweiligen Wünschen entsprechend. Mit einer solchen Gruppe oder auch Großgruppe, die sich die »Artenvielfalt der Meinungen und Gefühle« bewahrt hat, kann kein Krieg vorbereitet und durchgeführt werden.

Der Gegensatz dazu sieht im Extrem etwa so aus wie die Bilder der Parteitagsaufmärsche im Dritten Reich. Hier kann man deutlich den immer gleichbleibenden Abstand der marschierenden Menschen voneinander sehen, und auch wie die persönliche Eigenbewegung »zugunsten« der Regierbarkeit des Ganzen durch »den Führer« aufgegeben wurde. Die Konfliktunfähigkeit - und das ist die psychische Erkrankung – der ganzen Gesellschaft war zum damaligen Zeitpunkt schon so weit fortgeschritten, daß die Eigenbewegung eines einzelnen im großen faschistischen Kollektiv mit schwerer Strafe belegt war und deshalb kaum mehr gewagt wurde.

Die von Sigmund Freud entwickelte Methode der psychoanalytischen Behandlung psychischer oder auch psychosomatischer Erkrankungen bemüht sich um die Rückgewinnung der Eigenbeweglichkeit der Person. Deshalb ist diese Methode in totalitären Staaten verboten, und deshalb gerät der revolutionäre Anspruch dieser Methode in Vergessenheit, sobald sie sich – in kapitalistischen Ländern – als mehr oder weniger wohlfeiles Konsumgut versteht. Wesentlich für den revolutionären, grundsätzlich antifaschistischen Aspekt dieser Methode ist die Wiederkehr des Verdrängten. Wenn durch Psychoanalyse Konfliktfähigkeit entsteht oder zunimmt, dann geschieht das dadurch, daß bisher unbewußt gehaltene Anteile der Person, also zum Beispiel Ängste, Trauer, Wut, Verzweiflung, aber auch Mut und Lebenswille, ins Bewußtsein zurückkehren und für das Verhalten der Person wirksam werden.

Nun will ich hier nicht sagen, daß Friedensfähigkeit nur durch Psychoanalyse zu erreichen sei. Ich möchte vielmehr sagen, daß jeder Mensch den in der Psychoanalyse zur zentralen Methode gewordenen Vorgang der Wiederkehr des Verdrängten bei sich selbst auch ohne Psychoanalyse und ohne Psychoanalytiker zulassen und fördern kann. Man braucht nur nach Freuds genialer Idee damit zu beginnen, erst einmal möglichst vieles von dem, was einem an Einfällen in den Kopf kommt oder als Gefühl bewußt wird, für wichtig zu halten, *auch* freundliche Gefühle für den »Feind« und kritische Einfälle in der Beziehung zum »Freund«.

Wir haben als Kinder gelernt, daß wir im Leben am besten zurechtkommen, wenn wir die Einfälle und Gefühle möglichst früh in uns unterdrücken, die von der Familie oder in der Gesellschaft für überflüssig, lächerlich oder beschämend gehalten werden. Dadurch sind wir regierbar geworden, im weitesten Sinne des Wortes. Im Konfliktfall tendieren wir zur Unterordnung und zur Feindbildung. Das sind zwei Reaktionen, die derselben psychischen Grundstruktur entsprechen. Wir fragen uns dann nicht mehr: Was fühle ich? Was will ich? Fühle ich mich wohl? Was muß ich sagen und ändern, damit ich mich wohler fühle? Statt dessen fragen wir: Bin ich so richtig, wie ich bin? Habe ich richtige oder falsche

Gefühle? Was muß ich tun, um nicht aufzufallen, um mich in die gemeinsame Bewegung des Ganzen möglichst gut einzuordnen?

Wenn man beginnt, die Frage nach der eigenen Zufriedenheit wieder an die Stelle der Frage nach der Konformität zu setzen, wird man automatisch politisch aktiver und trägt so zur Friedensfähigkeit beziehungsweise zur Kriegsunfähigkeit der Gemeinschaft bei. Dieser Gedanke setzt natürlich voraus, daß man sich nur *mit* den anderen, niemals *gegen* sie *wirklich* wohlfühlen kann. Die verhärteten Strukturen der Macht lösen sich auf, wenn man sie als unbefriedigenden Ersatz für mitmenschliche Zufriedenheit erkennt und deshalb auf sie verzichten kann. Der Weg der psychischen Gesundung im Prozeß einer psychoanalytischen Therapie und danach ist eine niemals endende Kette von Gewaltverzichten gegen sich selbst und gleichzeitig gegen andere.

Demokratisches Bewußtsein entsteht durch die Wiederkehr des Verdrängten

Wie entsteht nun dieses demokratische Bewußtsein? Welche psychischen Veränderungen im einzelnen und im Kollektiv sind nötig, wenn ein freieres Zusammenleben zwischen Menschen, Tieren und Pflanzen möglich werden soll? Ich meine, daß es sich hier um Entwicklungsprozesse handelt, die in vielen kleinen Schritten vor sich gehen und die alle den gleichen Prinzipien folgen. Es geht immer wieder um den Vorgang der Aufhebung von Verdrängung, um die Auflösung von »Symptomen der Macht« und »Symptomen der Ohnmacht« und um die Zunahme von persönlichem Mut und persönlicher Befriedigung auf diesem Weg.

Über die Verdrängung bzw. die Unbewußtheit als Grundlage der Macht habe ich an anderer Stelle ausführlich geschrieben[6]. Ich möchte deshalb hier nur einige Grundgedanken wiederholen. Der Vorgang der Verdrängung besteht darin, daß bestimmte Anteile der Realität, die dem bewußten Erleben »unerträglich« sind – wie Freud schrieb –, aus dem Bewußtsein ausgeschlossen werden und dann unbewußt, in ihrem abgespaltenen Zustand, eine meist gefährliche Aktivität entfalten. Die Ursache der Verdrängung unerträglicher Anteile ist Angst, die nach erfolgter Verdrängung zumeist nicht mehr erlebbar ist und deshalb häufig abgestritten wird. Das Prinzip der Verdrängung ist das der Spaltung. Hier ergibt sich die Parallele zwischen Spaltungsvorgängen im Individuum und Spaltungsvorgängen im Kollektiv. Ich habe das demokratische Bewußtsein hier als Aufhebung von Spaltungen zwischen »Gut« und »Böse«, »Richtig« und »Falsch«, »Wir« und »die anderen«, »Ich« und »Du« beschrieben. Folglich entsteht demokratisches Bewußtsein durch die »Wiederkehr des Verdrängten«, durch Bewußtwerden bisher abgespaltener, unbewußter Anteile im Individuum und in der Gesellschaft.

Aber was ist das Verdrängte, dessen Wiederkehr die Spaltungen im Individuum und zwischen den Personen aufhebt? Es sind scheinbar sehr unterschiedliche »Anteile«, die ins Bewußtsein zurückkehren, wenn sich »demokratisches« Bewußtsein im hier beschriebenen Sinn entwickelt. Es sind nicht nur Gefahren und Ängste, die von den Individuen wahrgenommen werden und so dem Verdrängungsdruck der Propaganda entgehen. Es sind auch emotionale und ethische Motivationsanteile, die gegen die Rationalisierungen der Machtpolitik immun werden und als wichtige Argumente in der politischen Auseinandersetzung überleben. Nicht nur Frauen »kommen endlich auch einmal an die Macht«, sondern das Verhältnis von Männern und Frauen in der

Familie, Gesellschaft und Politik wird Gegenstand des Dialogs und damit weniger gewalttätig. Aber auch die Integration von Minderheiten wird als eine Chance zur gesellschaftlichen Veränderung bewußt. Daraus folgt, daß Minderheiten weniger verfolgt werden und statt dessen das Gespräch mit ihnen gesucht wird. Feindbilder in der Außen- und Innenpolitik sind Resultate von Spaltungen im Bewußtsein. Sie haben Aufrüstung und Provokation des Feindes zur Folge. Ein idealtypisch demokratischer Staat hat keine gejagten Minderheiten und keine Feinde im Innern und außerhalb.

Schließlich treten im Laufe der Entwicklung demokratischen Bewußtseins die schädlichen Abfälle und Nebenwirkungen in allen Bereichen der Wissenschaft und Technik, der Wirtschaft, der Medizin, der Psychotherapie usw. ins Bewußtsein. Gerade diese scheinbar unvermeidlichen »Abfälle« oder »Nebenwirkungen« werden im gespaltenen Bewußtsein der Machtpolitik (im weitesten Sinne) verdrängt, damit die Effektivität der Machtausübung nicht gestört wird. Im Rahmen der Machtpolitik werden die Indikatoren für Gefahren wie Unfälle, giftige Deponien oder die schleichende Vergiftung der Umwelt und der zwischenmenschlichen Beziehungen verharmlost oder vertuscht – bis diese »verdrängten Anteile« zu einer Katastrophe führen. Wenn Demokratie mit Ruhe und Ordnung oder gar mit Kapitalismus gleichgesetzt wird, gerät das Leben der Bürger in Gefahr, zumeist ohne daß diese wissen, wodurch.

Die Aufhebung der Verdrängung bewirkt auch eine Auflösung der *Symptome der Macht*. Im 2. Kapitel habe ich schon viele Erscheinungsformen solcher Machtsymptome aufgeführt. Ich möchte hier nur noch einmal auf die Grundprinzipien der Machtsymptomatik zurückkommen. Eines dieser Grundprinzipien in der Gesellschaft ist für mein Verständnis die Zusammenballung von Überlegenheit bei wenigen, was immer Unterlegenheit und Unterdrückung von vielen bedeutet. Ich verstehe die Produktion und die Lagerung von Waffen aller Art als Krankheitssymptome einer Gesellschaft, ebenso wie die Konzentration von wirtschaftlicher und politischer Macht und auch die zentralistische Energieproduktion in Atomkraftwerken. Andere Symptome derselben »Macht-Krankheit« sind zum Beispiel das staatlich kontrollierte Energiemonopol (wie schon erwähnt, im Jahre 1935 zur Vorbereitung des Krieges eingeführt und noch heute in der Bundesrepublik in Kraft), die Registrierung und Überwachung der Bürger durch immer deutlicher politischen Interessen dienende Nachrichtendienste und Polizeieinheiten. Anzeichen für eine weiter zunehmende Erkrankung unserer »Demokratie« sind die Notstandsgesetze und ihre Weiterführung in Form der sogenannten Sicherheitsgesetze sowie das geplante Zivilschutzgesetz. Alle diese Gesetze sichern die Zentralisierung der Gewalt in Händen von Politikern. Sie sind Ausdruck der Resignation in bezug auf die Möglichkeiten der Demokratisierung in der Bevölkerung. Wenn ihnen nicht genügend »gesunder Widerstand« entgegengebracht wird, werden sie dazu führen, daß die restlichen Freiheiten und »Menschenrechte« in den sogenannten demokratischen Staaten spätestens bei Ausbruch einer Katastrophe verlorengehen.

Die »Symptome der Macht« stehen in komplementärer Beziehung zu dem *Symptomen der Ohnmacht*. Diese werden sehr häufig übersehen, was dazu führt, daß die Symptome der Macht unauflösbar erscheinen. Zumeist beachtet man nicht, daß es nicht nur eine Arroganz der Macht, sondern auch eine Arroganz der Ohnmacht gibt. In beiden Fällen wird die Gegenseitigkeit der Abhängigkeit aller Menschen voneinander verleugnet[7]. Die Arroganz besteht jeweils darin, daß die Abhängigkeit der Starken von den Schwachen nicht zur Kenntnis genommen wird. Es scheint für beide Teile so, als hätten die einen mit den anderen nichts zu tun, weshalb die

Schwachen an der Stärke der Starken auch nichts ändern könnten.

Die Arroganz der Schwachen besteht darin, daß sie sich selbst für unschuldig, schwach und selbstverständlich für Objekte der Mächtigen halten, Objekte, die ihre »Regierung«, nicht etwa Beauftragte, wählen, denen sie ständig auf die Finger sehen müßten. »Wir Kleinen brauchen es gar nicht zu versuchen, den Großen ins Handwerk zu pfuschen. Die sind ja doch stärker. Nein, da mischen wir uns nicht ein.« In stummer Ohnmacht und großer Distanz zum »schmutzigen Geschäft« der Politik unterwerfen sie sich den als »Sachzwänge« deklarierten Machtansprüchen und gefährlichen Entscheidungen ihrer »Regierung«. Aufgrund dieser Mentalität konnte die Ungleichverteilung der Macht immer wieder an den verschiedenen Stellung unserer Gesellschaft entstehen.

Eine zunehmende Gleichverteilung von Macht und Verantwortung in der Bevölkerung würde die Symptome der Macht allmählich auflösen. Dazu ist vor allem eine Bewußtseinsveränderung der bisher Schwachen nötig. Solange sie ihre persönliche Beteiligung am Entstehen der Machtsymptomatik nicht erkennen, warten sie immer – und vergeblich – darauf, daß die Mächtigen aus Einsicht ihre Macht abgeben oder durch eine Übermacht dazu gezwungen werden. Solange die sogenannten gesunden Familienmitglieder nicht sehen, wie sie selbst am Zustandekommen und an der Aufrechterhaltung der psychischen oder psychosomatischen Erkrankung eines Familienmitglieds beteiligt sind, solange sie dieses Mitglied ausstoßen oder auf andere Weise unbewußt in seiner Krankheit fixieren, anstatt ihre jeweils persönliche Beziehung zu dem Kranken zu reflektieren und zu verändern, so lange kann das Familiensystem nicht gesund werden – und der »Patient« auch nicht. Solange die Häufung von Krebserkrankungen in der Nähe von militärischen und »nicht-militärischen« Atomanlagen nicht als Folge der Passivität der

Bevölkerung verstanden wird, die solche Zusammenballungen von Zerstörungspotential zuläßt, wird sich an den Ursachen dieser Erkrankung nichts ändern. Dasselbe gilt für die Zusammenballung wirtschaftlicher Macht und all die anderen Symptome unserer kranken Gesellschaft.

Ich möchte noch eine Bemerkung zum *Umgang mit Symptomen* machen. Psychoanalytiker wissen, daß Symptome Anzeichen für eine Krankheit sind, nicht die Krankheit selbst. Sie werden in der Psychoanalyse auch nicht als Abweichungen von der Normalität verstanden, die korrigiert werden müßten. Symptome sind für den Psychoanalytiker vielmehr Kompromißbildungen, in denen der Wunsch zu leben eingeschränkt ist zugunsten von übermächtig gewordenen Sicherheitsbedürfnissen, die sich in der Vergewaltigung der eigenen Person und der Umwelt ausdrücken. Man könnte auch im Bereich psychischer Erkrankungen vom Prinzip der Zusammenballung von Macht und Gewalt und von »struktureller Verantwortungslosigkeit« sprechen, um die Parallele zwischen der Erkrankung des Individuums und der Erkrankung der Gesellschaft deutlich werden zu lassen. Unter dem Begriff »strukturelle Verantwortungslosigkeit« verstehe ich Formen von Beziehungslosigkeit, die unter dem Deckmantel von Selbstverständlichkeiten, von Sachzwängen und von Bürokratie beim Individuum und in der Gesellschaft erkennbar sind.

Psychoanalytiker wissen auch, daß die reine Symptombekämpfung (etwa durch Verbote oder »gute« Ratschläge) die Symptome verstärkt oder bestenfalls in einen anderen Ausdruck von Gewalt umwandelt (Symptomverschiebung). Gewalt in der Gesellschaft ist das Symptom einer Erkrankung, an der *jedes* Mitglied der Gesellschaft auf seine Weise beteiligt ist. Gewalt auf seiten der Regierung oder auch auf seiten von Demonstranten kann nicht durch Gewalt aufgelöst werden. Wer der Bewußtseinsveränderung als einziger Gesundungsmöglichkeit nicht vertraut, findet allerdings keinen anderen Weg als den der gewaltsamen Bekämpfung von Symptomen, (siehe auch Kapitel 5, in dem ich mich ausführlich mit dem Problem der Gewalt und ihrer Auflösung befasse). Je weniger ein Symptom als Ausdruck einer Erkrankung und gleichzeitig auch als Ausdruck eines Wunsches nach Veränderung verstanden wird, und je mehr es den »Therapeuten« (in der Gesellschaft: jeden einzelnen) ängstigt, desto gewalttätiger sind die Mittel, die zu seiner Bekämpfung eingesetzt werden. Dieses Prinzip ist nicht nur am Bauzaun von Wackersdorf zu erkennen, sondern ebenso in den Formulierungen der neuen Sicherheitsgesetze, beim Einsatz schädigender Medikamente in der Medizin (z.B. auch der Psychopharmaka in der Psychiatrie) und im Umgang mit Kriminellen durch die Justiz und in den Vollzugsanstalten.

Die Psychoanalyse bemüht sich darum, ein Symptom nicht als eine Gegebenheit hinzunehmen und sich auf die »Verwaltung« seiner Folgen zu beschränken. Sie bemüht sich darum, die *Ursachen* der Symptomatik zu erforschen und durch dieses Erforschen aufzulösen. Die Ursachen oder Grundlagen der Symptomatik werden in der Spaltung des Bewußtseins und in der Verdrängung »unerträglicher« Anteile aus dem Bewußtsein gesehen. Die im Laufe einer psychoanalytischen Therapie eintretende Bewußtseinsveränderung ist grundsätzlich als Folge von Ideologiekritik[8] zu verstehen. Kritik ist hier nicht Anklage gegen bestehende Verhältnisse, sondern Erkennen des individuell und kollektiv Verdrängten. Die bloße Anklage der bestehenden Verhältnisse hat entweder Resignation oder blinden Kampf gegen Symptome zur Folge. Das Erforschen des Verdrängten dagegen kreist um die zentrale Annahme, daß jeder Mensch sowohl Produkt als auch Produzent der ihn umgebenden Verhältnisse ist. Diese Form der Analyse hat andererseits nichts mit Entschuldigung von bestehenden Machtverhältnissen zu tun, wie oft vermutet wird. Im Gegenteil, ihr wichtigstes Element ist die Rückverteilung von Verantwortung dorthin, wo sie wirklich hingehört, was eine Freisetzung lebenserhaltender Kräfte zur Folge hat. Eine solche Analyse des Individuums und der Gesellschaft hat nicht den Kampf gegen »das System«, sondern die Auflösung der Verkrampfungen des Systems von innen her zur Folge. Ich glaube, daß wir aus dieser Haltung und Erfahrung einer wohlverstandenen Psychoanalyse als Bürger und Politiker, die an der Entwicklung demokratischen Bewußtseins interessiert sind, lernen können.

Mein relativer Optimismus in bezug auf die Veränderbarkeit der gesellschaftlichen Beziehungen stammt aus Erfahrungen mit politischen Gruppen, die nach lebenserhaltenden Auswegen aus der Misere unserer gesellschaftlichen Erkrankung suchen. In solchen Gesprächen habe ich den Eindruck gewonnen, daß ein großes Bedürfnis nach Demokratisierung in der Bevölkerung besteht, das für friedliche Veränderungen genützt werden kann. Für viele geht es nicht mehr um eine politische Stärke, die durch Schulterschluß und Gleichschritt erreicht wird. Die Erfahrung, daß solche Stärke nur gewaltsame Veränderungen hervorbringen kann, haben wir in der Zeit des Nationalsozialismus gemacht. Immer mehr Menschen begreifen auch, daß Demokratie nicht mit Wahlen oder anderen Abstimmungen nach dem Mehrheitsprinzip gleichzusetzen ist. Sie sehen, daß es bei solchen Abstimmungen zumeist um die Unterdrückung einer Minderheit durch die oft sehr knappe Mehrheit geht, die durch den Einfluß (ökonomischer und anderer) Machtapparate und durch raffinierte Propaganda zustande kommt. Demokratie und Machtkonzentrationen werden immer deutlicher als einander ausschließende Strukturprinzipien der Gesellschaft erkannt.

Demokratisierung ist ein unendlicher Prozeß. Sie kann nicht von außen oder von oben vorgeschrieben werden. Sie kann nur spontan (im Sinne von: nicht »gemacht«) aus dem

Lebenswillen jedes einzelnen Bürger entstehen und durch »Ansteckung« zwischen den einzelnen und zwischen den Völkern verbreitet werden. Psychische Gesundheit beim Individuum und im Kollektiv entsteht zwar spontan, aber doch nicht von selbst, sie ist nicht ein selbstverständlicher Normalzustand. Jede zwischenmenschliche Beziehung braucht dauernd die Aufmerksamkeit, die Kraft und allen Mut der Beteiligten, wenn sie nicht verhärten soll. Dabei bieten alle Konflikte die Chance, sie als »Übungsfeld« für die Fähigkeit zu nützen, Gefahren für die Beziehung frühzeitig zu erkennen und Rettungsaktivitäten in der Form einzuleiten, daß Spaltungen nicht entstehen oder so gut wie möglich aufgelöst werden. Oft erreicht man auf diesem Weg der psychischen Gesundung und Gesunderhaltung von privaten und politischen Beziehungen andere Ziele, als man angestrebt hat. Dann ist es wichtig, nicht zu vergessen: Der *Weg* ist das Ziel.

5. Der Gewalt widerstehen

Die Gewaltdiskussion

Welche Form des Widerstandes ist juristisch legitim? Welcher Widerstand ist moralisch geboten? Ist überhaupt in einem demokratischen Staat politischer Widerstand nötig und berechtigt? Ist Gewalt im Widerstand zu vertreten? Was ist überhaupt Gewalt? Alle diese Fragen sind explizit und implizit in unseren derzeitigen politischen Diskussionen und Entscheidungen enthalten. Es geht um ein Gesetz zur Verurteilung und Bestrafung von Vergewaltigung in der Ehe, es geht erneut um den §218, es geht um die Folter, um Geiselnahme und um mögliche Reaktionen auf Geiselnahme und Terrorismus. Die ungelöste Frage nach der Zulässigkeit und Strafbarkeit von Gewalt beeinflußt direkt oder indirekt das politische Denken und Tun in unserer Gesellschaft.

Der Widerstand im engeren Sinne und seine parlamentarischen Vertreter, die Grünen, sollten ihr Verhältnis zur Gewalt klären, so die Vertreter der »etablierten« Parteien. Diese wiederum antworten, das sollten erst einmal die Vertreter des Staates tun, da der Staat der oberste Gewalttäter sei, indem er lebensbedrohende Waffen, Atomanlagen, Chemieanlagen dulde und fördere und sie mit paramilitärischer Gewalt gegen den Widerstand der Bevölkerung schütze. Jede Seite wirft der anderen vor, gewalttätig zu sein. Eine einheitliche Definition von Gewalt existiert nicht. Sind Sitzblockaden

Gewalt? Ist nur »Gewalt gegen Menschen« Gewalt? Oder sind auch Sachbeschädigungen Gewalt? Der Staat oder einige seiner Vertreter meinen neue Antiterrorgesetze zu brauchen, weil »terroristische« Gewalt nur mit Staatsgewalt zu beantworten sei. Das Gewaltmonopol des Staates wird von den einen in Frage gestellt, von den anderen als Mindestvoraussetzung für Ordnung und als Schutz für die Bürger anerkannt.

Kürzlich veröffentlichte »Der Spiegel«[1] Auszüge aus einem Geheimprotokoll über die Sitzungen des Bonner Krisenstabes anläßlich der Entführung von Hanns Martin Schleyer im Jahre 1977. Der damalige Bundeskanzler Helmut Schmidt bat in einer dieser Sitzungen um »exotische Vorschläge«, wie Schleyer befreit werden könnte, ohne Rücksicht auf Gesetz, Verfassung und Machbarkeit. Die Diskussion zeigt deutlich, daß *jeder* Mensch im Zustand der Ohnmacht dazu neigt, die Bindung an die Gesetze zu verlassen und zur Gewalt zu greifen. Man erwog in diesem Kreis zum Beispiel die Ermordung der Häftlinge, die freigepreßt werden sollten (»alle Stunde einen erschießen«), was nachträglich durch die wieder einzuführende Todesstrafe legalisiert werden sollte. Man dachte an Sippenhaft und Internierungslager, usw.

Ich habe nicht die Absicht, die Mitglieder dieses Krisenstabes anzuklagen. Ich halte es in einer solchen Situation sogar für sehr sinnvoll, einfach einmal alle Einfälle zu sammeln oder auch nur auszusprechen, die den Beteiligten in den Kopf kommen. Und die zitierten gewalttätigen Vorschläge wurde ja dann auch nicht verwirklicht. Mir ist an der Wiedergabe dieses Protokolls wichtig zu sehen, daß auch und gerade unsere »Staatsmänner« in Notsituationen glauben, ihre Gefühle unterdrücken zu müssen. In dem genannten Artikel ist deutlich der Kampf gegen Gefühle des Mitleids mit Schleyer erkennbar. Mitleid mit ihm oder mit anderen Betroffenen schien die Handlungsfähigkeit zu behindern. Die eigenen

Einfälle zur Gewaltausübung wurden durch die Gewalttätigkeit der anderen Seite legitimiert. Ein Protokoll von den Beratungen in der »Terroristengruppe« wäre qualitativ demjenigen der Staatsführer wahrscheinlich recht ähnlich. Im Gefühl der Ohnmacht ist der Unterschied zwischen den einen und den anderen Menschen nicht mehr groß. Wir täuschen uns immer wieder, wenn wir glauben, der Staat oder seine Vertreter wären im Notfall weniger gewalttätig als andere Menschen.

Zehn Jahre nach diesem »Deutschen Herbst«, im Jahre 1987, entstand nach einem Interview mit dem Philosophen Günther Anders in der Zeitschrift »natur«[2] eine intensive Diskussion über den Sinn oder Unsinn, die Legitimität oder die Verpflichtung zur Gewalt im Widerstand heute. Günther Anders hatte in dem Interview den »Notstand«, in dem wir uns angesichts der apokalyptischen Bedrohung der ganzen Menschheit befinden, zur quasi-juristischen Legitimierung von Gewalt im Widerstand angeführt. Manfred Bissinger, der das Interview führte, schrieb in der Einleitung zu der dann auch als Buch herausgegebenen Diskussion: »Günther Anders liefert für viele, die ihren Widerstand gegen die atomare Bedrohung anfänglich oft nur mit Gefühlen erklären konnten, den notwendigen Sauerstoff für die Durchblutung der Gedanken.«[3]

Ähnlich wie der Krisenmanager Helmut Schmidt entwertet hier Manfred Bissinger, den ich ansonsten sehr schätze, die Begründung des Widerstands »nur« durch Gefühle. Gefühle, vor allem positive Gefühle für den Feind, stören die Fähigkeit zuzuschlagen. Um zuschlagen zu können, brauchen wir, so scheint es nach Bissinger, »den notwendigen Sauerstoff für die Durchblutung der Gedanken«. Und dieser Sauerstoff scheint in Rationalität im Sinne von Gefühllosigkeit zu bestehen. So verliert männliche Potenz den Zusammenhang mit den Gefühlen des Mannes und wird zum Kampfinstrument. Die von der Rationalität scheinbar getrennten Gefühle sind allerdings trotzdem in allen sogenannten rationalen Entscheidungen und Verhaltensweisen enthalten. Wo Potenz zum Kampfinstrument denaturiert ist, kommen die durch Rationalität unterdrückten Gefühle in der Gewalttätigkeit wieder zum Ausdruck. Da Gewalttätigkeit dabei aber immer *als Reaktion auf andere* verstanden wird, ist sie nicht mehr als Ausdruck von Angst und Wut zu erkennen. Im rational verdünnten Krisenmanagement gehen die bewußt oder unbewußt unterdrückten Gefühle des Mitleids und der Sympathie auch dem Feind gegenüber verloren und fehlen dann als wichtige Komponenten in dem Bemühen, auch und gerade in Krisensituationen die Gewalttätigkeit nicht eskalieren zu lassen.

Die wichtigsten Aussagen des Anders-Interviews sind Ausdruck von Resignation und von scheinbarem Mut: »Obwohl ich sehr häufig als ein Pazifist angesehen werde, bin ich inzwischen zu der Überzeugung gekommen, daß mit Gewaltlosigkeit nichts mehr zu erreichen ist. Verzicht auf Tun reicht nicht als Tun.... Es ist nicht möglich, durch liebevolle Methoden, wie das Überreichen von Vergißmeinnichtsträußchen, die von Polizisten gar nicht in Empfang genommen werden können, weil sie ja ihre Schlagstöcke in der Hand halten, effizienten Widerstand zu leisten.«[4] »Sie (die für den Frieden fasten, T.B.) spielten nur Theater. Und zwar aus Angst vor dem Wirklichhandeln. In Wirklichkeit lösten sie keinen Schuß, sondern nur einen Schock aus. Sogar einen, der genossen werden sollte. Theater und Gewaltlosigkeit sind eng verwandt.«[5] Anders meint, man müsse »diejenigen, die die Macht innehaben und uns ... bedrohen, einschüchtern«[6]. Gewalt dürfe zwar nicht das Ziel, aber sie müsse die Methode sein. Er sagte in dem Interview weiter: »Ich glaube, Hoffnung ist nur ein anderes Wort für Feigheit. Was ist überhaupt Hoffnung? Ist es der Glaube, daß es besser werden kann?

Oder der Wille, daß es besser werden soll? Noch niemals hat jemand eine Analyse des Hoffens durchgeführt. Auch Bloch nicht. Nein, Hoffnung hat man nicht zu machen, Hoffnung hat man zu verhindern. Denn durch Hoffnung wird niemand agieren. Jeder Hoffende überläßt das Besserwerden einer anderen Instanz.«[7]

Im »Kämpfer-Syndrom«, das in unserer Gesellschaft die meisten Männer entwickeln, entstehen immer wieder harte Fronten, bei den Regierenden, im »terroristischen« Widerstand, in der Justiz, im privaten und beruflichen Leben jedes einzelnen. Schon den kleinen Jungen wird gesagt: »Wehr' dich doch, schlag zurück, du bist doch ein Mann!« So lernen sie, daß die einzige Möglichkeit, aus dem Gefühl der Ohnmacht herauszukommen, die Entwicklung von Macht, das Zuschlagen ist. Sie haben nicht die Chance, einen Konflikt, in dem sie sich befinden, mit Hilfe der Eltern verstehen zu lernen. Mutter und Vater haben Angst, daß sie einen »Weichling« heranziehen, der sich im Leben alles gefallen läßt, weil er es nicht wagt, selbst auch zuzuschlagen. Eine gemeinsame Bewußtseinsveränderung zusammen mit dem Feind liegt außerhalb des Vorstellbaren und ist *deshalb* in den meisten Fällen auch kaum möglich.

Solche pseudomännlichen Vorstellungen über politischen Widerstand sind entsprechend der autoritären Charakterstruktur hierarchisch zentriert, auf die Regierenden, auf die Mächtigen, die von den »Ohnmächtigen« eingeschüchtert werden müssen. Die Ohnmacht alleine schon scheint die Gewalt zu legitimieren. Das führt dann auch dazu, daß Weg und Ziel getrennt werden, daß Friede durch Waffengewalt herstellbar zu sein scheint. Die Auswirkungen der eigenen Gewalt werden nicht bedacht. Es geht dabei ja auch vor allem um den Sieg gegen die eigenen Ohnmachtsgefühle. Im Zustand der Resignation kann man die Hoffnung nur noch als Feigheit verstehen. Sonst müßte man handeln und nicht nur das Handeln an andere delegieren. Denn, so meine ich, wer hofft, der handelt auch.

Trotz allem fand ich es sehr wichtig, die Thesen eines alten, erfahrenen und sehr zu respektierenden Mannes öffentlich zur Diskussion zu stellen, denn es sind auch die Thesen der jungen »Autonomen«, und diese Thesen reflektieren sicherlich die Meinungen des größten Teils unserer Bevölkerung – jedenfalls was den grundsätzlichen Umgang mit Gewalt betrifft. Durch die Veröffentlichung wurde es möglich, daß sich in einem breiten Spektrum von Antworten bekannter und unbekannter Bürger unter anderem auch das neue Widerstandsbewußtsein artikulierte.

Neben einigen wenigen, die Günther Anders rückhaltlos zustimmten und seine Worte als Befreiung zur Klarheit erlebten, brachte die überwiegende Mehrzahl der Reaktionen eine neue Perspektive zum Ausdruck, zum Beispiel: »Notwehr verkehrt sich in ihr Gegenteil, wenn der Verteidiger zu Mitteln greift, die unmenschlich und ganz und gar uneffektiv sind.«[8] Oder: »Nicht formaljuristische Legalität, sondern moralische Legitimität entscheidet über die Zulässigkeit von Protest und Widerstand.«[9] Petra Kelly zitierte Mahatma Gandhi: »Gewaltfreiheit und Feigheit passen schlecht zusammen. Ich kann mir einen schwer bewaffneten Mann vorstellen, der in seinem Herzen feige ist. Im Besitz von Waffen liegt das Element der Furcht verborgen, wenn nicht gar Feigheit. Gewaltfreiheit jedoch ist unmöglich, wenn man nicht furchtlos ist.«[10] Und Ulrich Klug schrieb: »Nicht Drohung mit oder Anwendung von Gewalt kann in unserer Situation die Methode sein, Gewaltlosigkeit zu erreichen, sondern Aufklärung, sei es durch individuelle Aktivitäten, sei es durch Demonstrationen, und mag dies noch so mühselig sein.«[11]

Auch die *Wirksamkeit* von gewalttätigem Widerstand wurde bezweifelt: »Was Günther Anders empfiehlt, würde den Widerstand, um den es geht, nicht ›effizient‹, sondern stumpf machen. Es würde den Notstand, den Anders sieht, nicht beseitigen, sondern nur zementieren und verlängern.«[12] Oder: »Moralischer Rigorismus und die juristische Legitimation durch das Widerstandsrecht, dieser unmittelbare Ausweg zur Gewalt ist eine fatale Sackgasse.«[13] Und Hans Schuierer beschrieb seine Hoffnung auf eine allgemeine Bewußtseinsveränderung so: »Im Gegensatz zu Günther Anders bin ich aber der Meinung, daß vor allem Tschernobyl einen anhaltenden Sensibilisierungsprozeß unserer Bürger ausgelöst hat, der früher oder später auch Umdenkungsprozesse bei den Verantwortlichen erzwingen wird.«[14]

Ich habe diese Diskussion hier in einigen wesentlichen Aussagen zusammengefaßt, um zu zeigen, daß sich das »Kämpfer-Syndrom« allmählich auflöst. Das hat einerseits mit der Erfahrung zu tun, daß der Kampf aus (pseudo-) moralischen Gründen und mit formaljuristischer Legitimation in der Zeit des Nationalsozialismus schon einmal in den Untergang geführt hat. Es hängt meiner Ansicht nach andererseits auch mit dem Eintreten der Frauen in die politische Diskussion und in die Widerstandsbewegung zusammen.

Seelische Gesundheit zeigt sich in einem »ökologischen Bewußtsein«

Das Problem der Gewalt innerhalb und außerhalb des Widerstands im engeren Sinne möchte ich hier von einer ganz anderen Seite betrachten. Ich möchte nicht beurteilen, welche Gewalt moralisch oder juristisch gerechtfertigt ist. Diese Beurteilung bleibt immer der Verantwortung jedes einzelnen überlassen. Ich untersuche vielmehr die Psychodynamik und die Soziodynamik der Gewalt und des Widerstandes. In diesem Zusammenhang wird aus der eben beschriebenen Diskussion das Element der Wirksamkeit neu beleuchtet, denn Wirksamkeit hat viel mit Realitätsbewußtsein und Realitätsbezogenheit zu tun. Doch nun zu meiner Analyse.

Gewalt und Androhung von Gewalt sind Erscheinungsformen seelischer Krankheit. Diese Erkenntnis ist noch verhältnismäßig jung und leider auch noch wenig verbreitet. Nach dem traditionellen Bewußtsein ist zumindest *reaktive* Gewalt weder moralisch verwerflich noch etwa ein Zeichen seelischer Schwäche. Im Gegenteil, wer sich nicht angemessen und kraftvoll verteidigen kann – und jeder Angriff wird als Verteidigung interpretiert –, der ist nach dem traditionellen Bewußtsein ein Schwächling, sei es aufgrund psychischer Schwäche (etwa von neurotischer Überängstlichkeit) oder aufgrund von physischer Schwäche. Und die physische Schwäche beruht nach diesem Bewußtsein darauf, daß man Konflikten nicht rechtzeitig vorgebeugt hat, durch Anhäufung von Waffen, durch wirtschaftliche Überlegenheit oder durch die Ansammlung anderer »Werkzeuge der Macht«.

In unserer Zeit wurde erstmals deutlich, daß diese Art des Sicherheitsdenkens, das Sicherheit nur durch Stärke und gegen den Feind gerichtet für möglich hält, immer weiter in die Unsicherheit aller, der Starken *und* der Schwachen führt. Das brachte in Teilen der Bevölkerung die Suche nach alternativen Sicherheitsvorstellungen mit sich, die man unter der gemeinsamen Überschrift »Sicherheitspartnerschaft« zusammenfassen kann. Sicherheit wird nach diesen Vorstellungen nicht mehr gegen den Feind, sondern im Bündnis *mit* dem Feind gesucht. Der Grundgedanke ist einfach und faszinierend, aber die konkrete Erfahrung steht diesem Wunschbild nur allzu oft entgegen. Wie ist das Bündnis mit dem Feind überhaupt erreichbar, wenn dieser kein Interesse an einem solchen Bündnis hat? Was helfen einseitige Abrüstungsangebote, wenn der andere sich nur darüber freut und seine (Kriegs-) Macht weiter ausbaut? Sind die Vorstellungen über Vorleistungen beim Gewaltverzicht nicht vielleicht illusionär und deshalb gefährlich? Sehen wir nicht in unseren alltäglichen Beziehungen, daß Freundlichkeit alleine den anderen eben *nicht* zu ebensolcher Freundlichkeit bewegen kann, ja daß Freundlichkeit vom »Feind« oft als ganz besonders aggressiv erlebt wird, weil sie absichtlich oder unabsichtlich die Überlegenheit im moralischen Krieg mit sich bringt? Um wieviel illusorischer ist dann ein Abrüstungsangebot in den internationalen Beziehungen, wo die Gewalt des »militärisch-industriellen Komplexes« und dessen Interesse an kriegerischen Beziehungen immer mit im Spiel sind!

Alle diese zweifelnden Fragen, die oft auch in sehr polemischer Form vorgetragen werden, weisen auf ein wichtiges Problem hin, das häufig übergangen wird: das Problem der Machbarkeit des Friedens. In einer idealistischen Grundeinstellung glaubt man, daß das Rezept »Sicherheitsbündnis mit dem Feind« nur einfach angewandt werden müsse. Man meint, man müsse es nur wirklich wollen, dann mache der Feind schon mit. Die Abrüstungsverhandlungen in Genf, aber auch die verhärteten Fronten im »Krieg um Wackersdorf« zeigen deutlich, daß Friede nicht einfach einseitig machbar ist, auch nicht mit gutem Willen, wenngleich der gute Wille natürlich Voraussetzung für alle Veränderungen in Richtung auf mehr Friedlichkeit ist.

So können die zweifelnden Fragen und die konkreten Erfahrungen für alle Beteiligten Anlaß sein, das eigene Konzept neu zu überdenken und dabei zu bemerken, daß Friede nicht nur eine Frage des guten Willens ist, sondern vor allem eine Frage der psychischen Friedens*fähigkeit*, die immer ein System, also *beide* Partner einer Beziehung betrifft. Denn jeder der beiden Partner ist von der Friedensfähigkeit des anderen abhängig. Diese Erkenntnis muß nicht zur Resignation führen; sie kann zu einer Erweiterung des Bewußtseins führen, so daß die Abhängigkeit vom »Feind« nicht mehr nur als Hindernis, sondern sogar als Chance gesehen werden kann. Dazu müssen wir viel mehr über gegenseitige Abhängigkeiten in zwischenmenschlichen Systemen wissen und beachten als bisher. Ich möchte hier einige meiner bisherigen Forschungsergebnisse auf diesem Gebiet vorstellen.

In den letzten Jahren wurde viel über die Fähigkeit zum Konflikt als Vorbedingung für die Fähigkeit zum Frieden gedacht und geschrieben, unter anderem auch von mir[15]. Wenn wir uns überlegen, wie wir unsere Kinder und Schüler zur Friedens- und Konfliktfähigkeit erziehen können, dann ist es sinnvoll, einmal genau zu untersuchen, was denn in diesem Zusammenhang unter Konfliktfähigkeit verstanden wird. Ebensowenig wie Friede *gemacht* werden kann, so wenig kann auch Friedensfähigkeit durch irgendeinen besonderen Erziehungsstil *gemacht* werden. Wir sind als Eltern und Erzieher in unserer eigenen Person gefragt und gefordert, wenn wir uns darum bemühen wollen, daß die Unfähigkeit zum Frieden nicht von unserer Generation an die nächste weitergegeben wird. Frieden*er*ziehung ist Friedens*be*ziehung. Und eine Friedens*be*ziehung ist nicht einfach durch ein Verbot von Kriegsspielzeug oder von Schimpfworten herstellbar.

Wie wir an unseren in sehr unterschiedlichem Grad konfliktfähigen Politikern sehen können, hat Konfliktfähigkeit viel mit psychischer Elastizität zu tun. Ein psychisch starrer Mensch reagiert auf Unsicherheit und Angst, und vor allem auf eine Bedrohung seiner Machtposition fast automatisch mit einer Spaltung: Er teilt die Welt in Gut und Böse, in Freunde und Feinde ein; er sammelt Waffen und Argumente gegen die Feinde und auch zur Bedrohung der Freunde, für den Fall, daß diese sich nicht mehr als Freunde im Sinne strenger Gefolgschaft benehmen sollten. Auf diese Weise wird die eigentliche Ursache der Unsicherheit, die wirkliche Bedrohung und die eigene Angst vor dem Ungleichgewicht, verdrängt. Die konkrete Angst vor dem Feind ist leichter zu ertragen als die diffuse und existentielle Angst vor dem Untergang.

Deshalb besteht im Zustand der Spaltung immer auch ein Interesse daran, daß der Feind möglichst gewalttätig und minderwertig erscheint. Das mobilisiert die eigenen Kräfte, ermöglicht psychisch und ökonomisch den Weg aus der Depression in die »Vollbeschäftigung«. Man hat alle Hände voll zu tun, um den Krieg vorzubereiten und den Untergang des Feindes zu planen. Nur sein Untergang scheint die eigene Rettung sicherzustellen. Daß der Untergang des Feindes gleichbedeutend mit dem eigenen Untergang ist und der gemeinsame Untergang durch die Spaltung im Bewußtsein, im verbalen Verhalten und schließlich durch die Kriegsvorbereitung beschleunigt wird, all das verfällt in dieser Art der Depressionsabwehr der Verdrängung. Weil man es nicht aushalten kann, selbst ein »Täter« oder »Mittäter« zu sein, geht in der Phantasie die Bedrohung immer vom anderen aus, nicht vom eigenen Verhalten. Und deshalb kann die Bedrohung in dieser Vorstellungswelt auch nur durch einen Sieg über den anderen beseitigt werden. Eine Veränderung der eigenen Haltung scheint ebenso sinnlos wie gefährlich zu sein, da schon die Relativierung des eigenen Bewußtseins als ein Zugeständnis an den Feind und damit als Niederlage erlebt wird.

Wer Konflikte und die damit verbundenen Gefühle von Angst, Ohnmacht und Abhängigkeit nicht oder nur wenig aushalten kann, reagiert nicht nur in seinem Bewußtsein mit Spaltung; diese Spaltung drückt sich auch in seiner Sprache aus. Jedes kriegerische Verhalten ist auf die vorausgehende Gewalttätigkeit in der Sprache angewiesen. Trotzdem wird sprachliche Gewalttätigkeit nur selten als Ausdruck einer psychischen Schwäche und als direkte Kriegsvorbereitung verstanden. Wie die Wahlergebnisse zeigen, halten sehr viele Menschen verbale Kraftmeierei für einen Ausdruck psychischer Stärke, von Willenskraft und Durchsetzungsfähigkeit oder von »Führungsqualitäten«. Die Aufwertung der eigenen Person oder der eigenen Partei durch Abwertung der jeweils anderen wird zumeist nicht als ein Zeichen psychischer Schwäche und als eine leichtsinnige und gefährliche Provokation zur Eskalation der Gewalt verstanden. Würden wir dieses Verständnis aufbringen, dann müßten wir ja auch die »Verbrecher« mit denselben Augen betrachten wie diejenigen, die »legal« Gewalt ausüben.

Soweit die ersten »Führer« unserer Kindheit, die Eltern, uns die Welt »gespalten« erklärten, getrennt in Freund und Feind, in Wertvoll und Minderwertig, in Verwertbar und Überflüssig, in Nützlinge und Schädlinge, so weit vertrauen wir uns gerade solchen politischen Führern an, die diese Weltsicht wiederholen und uns damit »ganz klar und deutlich« sagen, in welche Richtung der richtige Weg führt.

Soweit uns unsere Eltern aber die Welt als ein Wunderwerk gegenseitiger Abhängigkeiten verstehen lehrten, konnten wir ein »ökologisches Bewußtsein« erwerben, dem die Trennung in Nützlich und Schädlich, in Freund und Feind absurd erscheint. In einem Bewußtsein der gegenseitigen Abhängigkeit aller Menschen voneinander wird die Tatsache nicht verdrängt, daß der Gegner von meiner eigenen Gewalttätigkeit »angesteckt« wird und daß sich umgekehrt die Gewalt des Gegners auf mich überträgt, ob ich das will oder nicht. In einem ökologischen Bewußtsein erlebt sich der Mensch immer als Teil eines Systems, in dem sich der Spaltungszustand des Bewußtseins ebenso fortpflanzt wie ein ungespaltener Bewußtseinszustand. Aus dieser Erkenntnis erwächst die Vorstellung, daß jeder mitverantwortlich ist für die Gewalt seiner »Feinde«. Er trägt durch den Zustand seines eigenen Bewußtseins dazu bei, daß die Gewalttätigkeit zunimmt oder abnimmt. Unsere Eltern haben uns viel geholfen, friedensfähig zu werden, wenn sie selbst bei Verunsicherung nicht sofort einen Feind aufs Korn nahmen und dadurch den entstehenden Konflikt im Keim erstickten. Wir selbst können unseren Kindern bei eben dieser Entwicklung helfen, wenn wir versuchen, in Konfliktfällen die Ökologie, und das heißt: die Gegenseitigkeit der Abhängigkeiten in zwischenmenschlichen Beziehungen nicht aus dem Auge zu verlieren oder wenigstens so bald wie möglich wieder in unserem Bewußtsein zuzulassen.

Die sozio-psycho-somatische Widerstandsfähigkeit

Der Begriff der *körperlichen* Widerstandsfähigkeit, etwa gegen Infektionen, ist uns allen bekannt. Er wird in der neueren Medizin immer wichtiger, da er bei der Frage, ob Krebs entsteht, ob eine Infektion mit Aids-Viren zur tödlichen Erkrankung führt oder nicht, eine große Rolle spielt. In der Veterinärmedizin spricht man zum Beispiel von »Faktorenseuchen«, die erst dann ausbrechen, wenn mehrere Einflüsse zusammentreffen und das Tier in seiner Widerstandsfähigkeit so sehr geschwächt ist, daß es die Krankheitserreger nicht mehr abwehren kann. In den Untersuchungen über das Waldsterben kommt man zu ähnlichen Ergebnissen, nämlich daß ein wesentlicher Faktor für die Erkrankung der Bäume in der Schwächung ihrer *Widerstandskraft* gegen Krankheiten liegt.

Über die *psychische* Widerstandsfähigkeit des Menschen wird kaum gesprochen. Widerstand wird im traditionellen

Bewußtsein mit Gewalt gleichgesetzt. Dadurch geraten Widerstandsgruppen immer wieder an den Rand der Gesellschaft, wo sie, je nach Standpunkt, die »guten Gewalttätigen« gegen die »böse Gewalt« (des Staates) sind, oder umgekehrt, die »bösen Gewalttätigen« gegen die »gute Gewalt« (des Staates). Die Spaltung der Gesellschaft im Konfliktfall ist in unserem Bewußtsein vorprogrammiert, solange wir uns nicht bemühen, die psychische Widerstandsfähigkeit des Menschen zu erforschen und zwar parallel zur physischen Widerstandsfähigkeit in der Medizin und in der Biologie.

Die körperliche Gesundheit von Mensch, Tier und Pflanze hängt einerseits ab von der Quantität und Qualität der Krankheitserreger, Schadstoffe und anderer Umweltbedingungen, denen diese lebendigen Organismen ausgesetzt sind. Andererseits hängt die Entscheidung, ob wir erkranken, auch von unserer inneren Widerstandsfähigkeit oder Lebensfähigkeit ab. Beim Menschen gibt es anders als beim Tier und bei der Pflanze eine zusätzliche Verbindung zwischen Umweltbedingungen und seiner eigenen Erkrankung, weil er sich die schlechten Umweltbedingungen zum größten Teil selbst schafft. Es ist also dieses Erzeugen krankmachender Umweltbedingungen selbst wieder ein Ausdruck psychischer Krankheit. Denn nur psychisch kranke Menschen sorgen nicht dafür, daß sie die Umweltbedingungen haben und behalten, die sie zum Überleben brauchen. Nur psychisch kranke Menschen schädigen sich selbst in manifest oder latent suizidaler Absicht.

Wir haben es also bei der psychophysischen Widerstandsfähigkeit des Menschen grundsätzlich mit zwei Komponenten zu tun: mit der suizidalen Komponente (also mit den bewußten oder unbewußten kollektiven Selbstmordtendenzen) auf der einen Seite und mit der Widerstandsfähigkeit im engeren Sinn auf der anderen Seite. Diese Widerstandsfähigkeit im engeren Sinn drückt sich wiederum körperlich und psychisch oder psychosozial aus. Ihr körperlicher Ausdruck ist die somatische oder auch psychosomatische Resistenz gegen Schadstoffe und Krankheitserreger, ihr psychischer oder psychosozialer Ausdruck besteht in der Resistenz gegen gewaltsame Beziehungen jeder Art, innerhalb der Person selbst und zwischen den Personen. Hier wird deutlich, daß psychische, psychosomatische und psychosoziale Ursachen und Wirkungen des Krankheitsgeschehens nicht voneinander trennbar sind, daß wir es also mit einer *Sozio-Psycho-Somatik* zu tun haben, wenn wir die wichtigen Faktoren der menschlichen Gesundheit und des menschlichen Überlebens in ihren Zusammenhängen verstehen wollen.

Widerstandsfähigkeit in diesem vollen, sozio-psycho-somatischen Sinn bedeutet: die Fähigkeit, Gewalt zu überleben und sie dadurch aufzulösen. Dieser zunächst sehr abstrakt klingende Satz bedarf der Konkretisierung in den verschiedenen, bisher getrennt voneinander betrachteten Lebensbereichen.

Ich glaube, daß man Krankheit in allen Bereichen unter dem Begriff der Gewalt erfassen kann. Im körperlichen Bereich ist Krankheit ein Prozeß der Selbstzerstörung und/oder der nicht abwendbaren Zerstörung durch andere. Auch bei körperlicher Krankheit liegt immer ein gewaltsames Geschehen vor, eine Beeinträchtigung durch innere oder äußere Krankheitserreger, Schadstoffe, psychische oder körperliche Belastung, die den Körper erkranken läßt. Auch psychische Krankheit ist Folge und Ausdruck von Gewalt. Hier betrifft die Unterdrückung immer sowohl die eigene Person als auch andere Personen. Wichtige Anteile der eigenen Person werden von ihr selbst unterdrückt; gleichzeitig entsteht eine gewalttätige Beziehung zu anderen Menschen. Damit ist auch die Erkrankung von Gruppen und Großgruppen als Ausdruck gewalttätiger Beziehungen beschrieben. In kranken Beziehungen glaubt jeweils der eine, seine Befriedigung nur *gegen* den anderen erreichen zu können.

Widerstandsfähigkeit gegen diese verschiedenen Formen der Gewalt bedeutet nun, wie eben gesagt: die Fähigkeit, Gewalt zu überleben. Auch diese These möchte ich näher ausführen. Im Bereich körperlicher Gesundheit ist die Behauptung, die Widerstandsfähigkeit bestünde darin, daß man trotz vorhandener Krankheitserreger, Schadstoffe oder anderer Belastungen nicht erkrankt, leicht nachzuvollziehen. Für den psychischen Bereich wird es schon schwieriger, die These zu belegen, daß Widerstandsfähigkeit bedeutet: »die Gewalt zu überleben«. Man könnte leicht meinen, ich wollte mit diesem Satz sagen, daß psychische Unempfindlichkeit, Passivität und Duckmäusertum den Menschen vor der Gewalttätigkeit seiner Umgebung schützen können. Ich meine aber das Gegenteil. Ich meine, daß zur psychischen Widerstandsfähigkeit gerade eine besonders hohe Sensibilität für Gewalt und Unterdrückung in der eigenen Person und entsprechend im sozialen Umfeld gehört. Nur wenn die Bedrohung wahrgenommen wird, kann man dafür sorgen, daß sie einen nicht krank macht.

Krankwerden durch Gewalt im psychischen Sinn bedeutet: Angestecktwerden von der Gewalttätigkeit anderer. Wenn sich die Gewalttätigkeit aus der Umwelt im Individuum reproduziert, wenn der einzelne der Gewaltszene keinen Widerstand im Sinne seelischer Gesundheit entgegensetzen kann und deshalb diese Gewaltszene selbst mitspielt, dann ist – vielleicht auch nur vorübergehend – eine psychische Erkrankung entstanden. Das gilt auch für Politiker, die *reaktiv* gegen äußere und innere Feinde aufrüsten oder kämpfen lassen. Jeder Mensch, der Gewalt anwendet, befindet sich in irgendeinem »Notstand«. Trotz des Notstands hat er zu verantworten, was er tut, ganz einfach, *weil* er es tut. Graduelle Unterschiede der »Zurechnungsfähigkeit«, die von

Psychiatern oder Psychologen festgestellt werden, stellen bestenfalls Unterschiede in der Schwere der psychischen Erkrankung dar. Daß wir hier Grenzen der Strafbarkeit feststellen, hilft uns, Gewalttäter in drei Kategorien einzuteilen: in »Verrückte«, in »Verbrecher« und in »Korrekte«. Ich glaube, wir sollten allmählich daran denken, diese Kategorien in Frage zu stellen und *alle* Gewalttäter als in Not befindliche Menschen zu verstehen, mit denen *adäquat umgegangen* werden muß, damit sie aufhören können und aufhören müssen, Gewalt auszuüben. Die *Bestrafung* der einen dieser drei Gruppen würde sich dann erübrigen.

Als Kind ist jeder Mensch gezwungen, sich möglichst schnell in die mehr oder weniger gewalttätigen Beziehungen seiner Umwelt einzufügen. Die Grundlagen für psychische Erkrankungen entstehen durch Übernahme der Gewalttätigkeit aus der Umwelt in die eigene psychische Struktur. Je weniger gespalten das Bewußtsein und die Beziehung der Eltern ist, desto weniger muß das Kind in sich in Gut und Böse spalten, und desto größer wird seine psychische Widerstandsfähigkeit sein.

Die Fähigkeit, »Gewalt zu überleben«, als Ausdruck psychischer Gesundheit bedeutet also nicht, eine »psychische Elefantenhaut« zu haben, sondern der Gewalt eine gesunde Alternative entgegensetzen zu können, durch die die Gewalt in Frage gestellt wird. Die kollektive Widerstandsfähigkeit einer Gesellschaft gegen Gewalt von außen, von der eigenen Regierung oder auch von seiten gewalttätiger Außenseiter, ist ein Anzeichen für die psychische Gesundheit dieser Gesellschaft. Die gesunde Alternative zur Spaltung der Gesellschaft in Gute und Böse, die dem gewalttätigen Handeln in jedem Fall vorausgeht, ist die Fähigkeit, sich nicht spalten zu lassen und auch selbst nicht zu spalten. Deswegen wird von einem gesunden Widerstand alle Kraft und aller Mut *für* die Herstellung oder Erhaltung bestmöglicher Umweltbedingungen eingesetzt, und zu diesen bestmöglichen Umweltbedingungen gehört eine gewaltfreie Sozietät.

Gesunder Widerstand ist Leben, und Leben ist Widerspruch gegen Gewalt. Es entsteht also auf jeden Fall auch durch das Auftreten von gesundem Widerstand ein *Konflikt*. Das wird in manchen pazifistischen Ideologien übersehen. Aber ein Konflikt ist nicht gleichbedeutend mit Gewalt. Regierungen, die sich nicht als Beauftragte des Volkes, sondern als rechtmäßige Herrscher über das Volk verstehen, halten jeden Widerspruch gegen ihre Entscheidungen nicht für einen Konflikt zwischen unterschiedlichen Meinungen im Volk, sondern für einen Angriff auf den Staat, mit dem sie sich identifizieren. Und wenn sie außerdem Staat und Demokratie gleichsetzen, ist für sie jeder Widerspruch auch gleich ein Angriff auf die Demokratie. Hier wird die Logik pervers, denn Demokratie ist in Wirklichkeit die Fähigkeit des Volkes, Widersprüche auftreten zu lassen und die so entstehenden Konflikte ohne Spaltung und Gewaltanwendung zu lösen.

Wenn aber Politiker Konflikte nicht aushalten können, reagieren sie auf jeden, der ihnen widerspricht, wie auf einen »Staatsfeind«. Sie bekämpfen das Auftreten von Ideen, die von den ihren abweichen, mit den Mitteln der verbalen, strukturellen und materiellen Gewalt, anstatt sich mit diesen Ideen auseinanderzusetzen und dadurch eine persönliche Bereicherung zu erfahren. Terroristen werden dann nur noch durch die Erweiterung der polizeilichen Fahndungsbefugnisse bekämpft, offener Widerstand durch verschärfte Demonstrationsgesetze.

Dieses Vorgehen ähnelt dem unsinnigen, oft voreiligen »Beschuß« von Bakterien durch Antibiotika und ähnliche Medikamente, der diese »Krankheitserreger« gegen solchen Beschuß immunisiert und gleichzeitig die natürlichen Widerstandskräfte des Körpers lähmt. Die Bakterien werden durch die Immunisierung mächtiger und für alle Menschen bedrohlicher. Die Terroristen erhalten Zulauf und werden ideologisch bestätigt. Diese Eskalation der Gewalt würde in vielen Fällen nicht eintreten, wenn der Patient, die Gesellschaft, die Chance hätte und sie ergreifen würde, sich mit den Krankheitserregern auseinanderzusetzen und so die eigene Widerstandskraft zu erhöhen. Wenn aber alternative Ideen bzw. Krankheitserreger den gewählten Politikern oder Ärzten so viel Angst machen, daß sie diese »Gegner« sofort »beschießen« müssen, dann lähmt das wiederum die Kraft des Volkes oder des Patienten, sich selbst gegen die Erkrankung zur Wehr zu setzen.

»Gesunder Widerstand« als Prozeß

Wie aber sieht der Veränderungsprozeß durch gesunden Widerstand im persönlichen und politischen Bereich aus? Ich greife hier auf Erfahrungen zurück, die ich bei der Untersuchung von Gesundungsprozessen in psychoanalytischen Therapien von einzelnen, Paaren, Familien und Gruppen gemacht habe. Und ich spreche von Erfahrungen, die ich in vielen Gesprächen mit Friedens- und Ökologiegruppen gemacht habe. Als Psychoanalytikerin habe ich nach meinem Verständnis die Aufgabe, in einem kranken System gesunden Widerstand zu leisten, so gut ich kann. Dabei geht es für mich darum, möglichst wenig von den Spaltungstendenzen der Patienten angesteckt zu werden und meinerseits die Patienten möglichst wenig in meine eigenen Spaltungsschemata hineinzuziehen.

Hier liegt schon die erste Schwierigkeit: Es ist nicht leicht, nicht zum »Gefolgsmann« eines Patienten zu werden, der schreckliche Dinge über seine Eltern oder seine derzeitigen

Bezugspersonen erzählt. Mache ich die Spaltung des Patienten nicht mit, dann riskiere ich einen Konflikt mit dem Patienten, der uns beide verunsichert. Die einseitige Parteinahme für ihn und gegen die Bezugspersonen ist für mich viel weniger riskant als die Infragestellung seiner Feindbilder. Andererseits ist es auch nicht leicht, den Patienten freizulassen und ihm nicht die eigene Weltsicht, eingeteilt in Richtig und Falsch, aufzudrücken, wenn er davon abweicht.

Ähnlich geht es jedem Staatsbürger in jedem Staat. Weniger riskant, weil Konflikte vermeidend, ist die stillschweigende Gefolgschaft oder doch das Vermeiden jedes offenen Konflikts mit dem herrschenden System (innere Emigration). Auch für eine Regierung ist es weniger riskant, abweichende Meinungen zu unterdrücken als sich mit ihnen auseinanderzusetzen. Aber diese Haltung rächt sich. Je länger man seine Konfliktfähigkeit nicht praktisch erprobt oder »geübt« hat, desto unsicherer und psychisch wie politisch stummer und kränker wird man – als Bürger und als Politiker. Zusätzlich erhöht sich für die Gemeinschaft die Gefahr der Erstarrung durch jeden einzelnen, der in »stumme Ohnmacht« verfällt oder darin verharrt.

Wage ich es nun aber in einer Therapie, bestehende Machtverhältnisse und Ideologien in Frage zu stellen, dann muß ich damit rechnen, daß zunächst eine Gegenreaktion kommt. Das »System« wehrt sich. Die in dem »System« unterdrückten Phantasien und Gefühle werden sofort unschädlich gemacht, wenn sie bei mir auftauchen. Für dieses Unschädlichmachen gibt es verschiedene Möglichkeiten. Man kann unangenehme Wahrheiten totschweigen, freundlich-konventionell begrüßen (»das habe ich schon immer gedacht«) oder mehr oder weniger gewalttätig bekämpfen, durch Abwertung oder durch direkte Aggression.

Wenn ich als Therapeutin mit dieser Gegenreaktion nicht rechne, bin ich erstaunt oder entsetzt über die Reaktion, manchmal vielleicht sogar befriedigt, weil sich doch wieder gezeigt hat, wie unfähig mein Konfliktpartner ist. Ähnliches gilt für den politischen Widerstand. Ich halte es in beiden Fällen für außerordentlich wichtig, sich mit dem System und mit der eigenen Position in ihm sehr gut auszukennen. Ist das nicht der Fall, dann ist es einem unter Umständen nicht bewußt, daß man einen allergischen Punkt des Systems trifft. Man ist erstaunt über die Gegenreaktion und fühlt sich unschuldig und harmlos, da man doch nichts Böses wollte und nun trotzdem zum Objekt von harter Aggression geworden ist. Dieses Mißverständnis – natürlich der anderen – legitimiert dann die eigene »Empörung«.

Ich meine mit Heinrich Albertz[16], daß man sich nicht zu wundern oder zu empören braucht, wenn man als Lehrer einen Vermerk in die Personalakte bekommt, nachdem man an einer Demonstration teilgenommen hat. »Revolutionen gibt es nicht mit Pensionsberechtigung«, schreibt Albertz in einem Artikel über politischen Widerstand[17]. Naivität im Widerstand ist gefährlich. Es sind die eigenen autoritären Phantasien, die einen dazu verleiten anzunehmen, daß der Staat oder jede andere Obrigkeit doch froh sein müßte, wenn man sich kritisch engagiert. Der jeweils andere kann aber nur im Rahmen seiner Konflikt*fähigkeit* für solche Infragestellung dankbar sein. Gegen Ängste und Spaltungstendenzen aufgrund von fehlender Konfliktfähigkeit helfen auch keine demokratischen Gesetze. Wenn der Staat sich in Gefahr fühlt, wird jedes liberale Gesetz verbogen oder übertreten.

Es ist ebenfalls gefährlich, aus eigener Naivität die falsche *Methode* im Widerstand zu wählen. Wenn man eine sehr empfindliche Stelle des verhärteten Systems angeht und dazu eine Methode wählt, die dem anderen keine Chance läßt, sich zu verändern, dann braucht man sich nicht über die harte Gegenreaktion zu wundern. Man hat sie ja selbst provoziert.

Inhalt, Art und Zeitpunkt des Widerstands werden nur dann richtig – im Sinne von verändernd – gewählt, wenn man sich vorher sehr ausführlich damit befaßt, ob man die Gegenreaktion wird überleben können. Mit »Überleben« meine ich hier nicht einfach: aushalten. Mit Überleben meine ich: durch die Gegenreaktion nicht angesteckt zu werden von den Abwehrmechanismen des Systems, also von Gewalttätigkeit im Bewußtsein – Spaltung in Gut und Böse –, in der Sprache und im Handeln. Nur wenn man die Gegenreaktion in diesem Sinne überlebt, wird das System der Gewalt wirklich in Frage gestellt und hat dadurch eine Chance, sich zu verändern. Kommt durch die Inhalte, die Art und den Zeitpunkt des Widerspruchs kein Dialog zustande, dann geht der Widerspruch unter. Er wird mundtot gemacht durch Gewalt, lächerlich gemacht durch Abwertung oder auf eine andere Weise »unschädlich« gemacht. Daß dies nicht oder möglichst wenig geschieht, dafür trägt auch derjenige die Verantwortung, der den Widerspruch einbringt.

Ich meine, der Widerspruch darf deswegen nicht untergehen, weil sein Untergang für *alle* Beteiligten bedeutet, daß Widerspruch nicht möglich ist, bzw. daß Widerspruch nicht zu einer dialogischen Veränderung führt. Das bringt eine weitere Verhärtung des Systems und eine weitere Resignation allerseits mit sich. Denn nicht nur die potentiellen »Widersprecher« brauchen die Bestätigung, daß Widerspruch zur Auseinandersetzung führt. Auch die Machthaber im weitesten Sinn des Wortes hoffen latent auf die Möglichkeit, sich verändern zu können. Sie resignieren in dieser Hoffnung, wenn es ihnen durch die Unangemessenheit des Widerspruchs ermöglicht wird, diesen immer wieder »abzuwürgen«. Wäre das nicht so, dann bräuchten wir Psychoanalytiker gar keine Versuche zu unternehmen, ein Machtsystem in Frage zu stellen. In diesem weitesten Sinn des Wortes ist jeder Mensch an Stellen, an denen er psychisch krank ist, ein

Machthaber, der – wenn auch oft sehr im verborgenen – auf Erlösung durch erfolgreichen Widerspruch hofft.

Der Erfolg gesunden Widerstandes besteht also nicht darin, daß die bisherigen Machthaber überwältigt oder nun ihrerseits unterdrückt werden. Der Erfolg gesunden Widerstandes besteht vielmehr darin, daß die Grundvoraussetzungen der bisherigen Machtstruktur in Frage gestellt werden. Die Überbewaffnung unseres Staates nach außen und nach innen beruht zum Beispiel auf der Grundannahme, daß der Staat so mächtig, so »waffenstarrend« sein muß, weil sonst die stets auf Krieg sinnenden Außenfeinde über uns herfallen und die stets auf Chaos, Mord und Totschlag sinnenden Innenfeinde die Möglichkeit haben, ihr System des Faustrechts und der Anarchie durchzusetzen. Das Menschenverständnis »homo homini lupus« ist durch gesunden Widerstand zu widerlegen. Nur so werden die ideellen Grundlagen der verhärteten und übermäßigen Gewalt des Staates in Frage gestellt und damit auch prinzipiell auflösbar.

Natürlich ist es viel schwieriger, einen im hier beschriebenen Sinn angemessenen Widerstand zu leisten, als plötzlich zuzuschlagen und dann wegzulaufen. Die Methode »Zuschlagen und Weglaufen« erregt viel mehr Aufsehen in der Öffentlichkeit und stärkt das Überwertigkeitsgefühl der Märtyrer. Mit dieser Methode können die eigenen sadistischen Anteile unter dem Schein der Rechtmäßigkeit gegen die »böse Gewalt« ausagiert werden, und das ohne manifeste Schuldgefühle. Auch »der Staat« handelt häufig nach dem Prinzip »Zuschlagen und Weglaufen« oder doch nach dem Prinzip »Zuschlagen und Rechtfertigen«. Viele am »Kämpfer-Syndrom« erkrankte Polizisten leben auf der »legalen« Seite ihr Bedürfnis nach Selbstbestätigung durch Gewalttätigkeit aus. Kontinuierlicher gesunder Widerstand fordert viel mehr psychische Kraft und Elastizität und ist wesentlich weniger spektakulär.

Gesunder Widerstand ist auch nicht einfach »machbar«, schon gar nicht durch einzelne radikale Aktionen. Es handelt sich dabei um einen Prozeß, der immer wieder schwer durchzuhalten ist. Man kommt im Laufe dieses Prozesses immer wieder in Situationen, in denen man sich in Größen- oder in Ohnmachtsgefühle flüchten möchte und das auch tut. Diese und andere Phantasien, die den Widerstand zum Stillstand bringen, entstehen nicht nur aus einem selbst; sie sind immer auch Ausdruck der Krankheit des Systems, die den einzelnen beeinflußt, und das wiederum durch jeden einzelnen beeinflußt wird. Man ist immer in gewissem Maße Teil dieses Systems und reagiert deswegen, oft aller besseren Einsicht zum Trotz, um so unbedachter und gewalttätiger, je stärker die Spaltung des gemeinsamen Systems schon vorangeschritten ist. Jeder, der Psychotherapeut, der Innenminister, der Polizist, der Terrorist und auch der scheinbar unbeteiligte Mitläufer, ist in seinem Bewußtsein abhängig vom jeweiligen Zustand des Gesamtsystems. Je größer die allgemeine Angst vor Konflikten ist, desto stärker wird die Wahrnehmung von Konflikten eingeschränkt – bis hin zur radikalen Spaltung der Wahrnehmung in »gute« und »böse« Personen, Gruppierungen oder auch Parteien.

Niemand kann ein Machtsystem im Frage stellen, dessen Struktur seiner eigenen Abwehrstruktur entspricht. Und in der Frage dieser Übereinstimmung täuscht man sich leicht. Allzuleicht phantasiert man sich außerhalb eines Systems, das man angreift, gerade *weil* man in seiner eigenen Struktur den Gesetzmäßigkeiten dieses Systems sehr ähnlich ist und sich in seiner eigenen Haut nicht wohlfühlt. Man erlebt dieses Unwohlsein aber nur als Unterdrückung von außen, die man dann, ohne es bewußt zu wollen, durch die Art des Kampfes »gegen das System« aufrechterhält. Soweit man sich über eigene Ähnlichkeiten mit dem »Feind« hinwegtäuscht, kann das Ergebnis einer Auseinandersetzung mit ihm nur die Bestätigung der gemeinsamen Struktur sein.

Es geht mir hier nicht um eine Verurteilung von Terroristen und auch nicht um eine Verurteilung der gewalttätigen Interventionen von seiten des Staates. Gewalt ist aus dieser Sicht weder richtig noch falsch, sondern ein Produkt des Zerfalls von menschlichen Beziehungen. Es geht mir um ein besseres Verständnis der Möglichkeiten und Schwierigkeiten des Widerstandes. Dieses bessere Verständnis brauchen nach meiner Erfahrung immer beide Seiten einer verklammerten Beziehung. Als Psychoanalytikerin bin ich es gewöhnt, die Schwierigkeiten des Widerstandes aus einer ganz bestimmten Perspektive zu sehen, die sonst zumeist vernachlässigt wird. Diese Perspektive läßt mich erkennen, daß es immer am eigenen systemkonformen Bewußtsein liegt, wenn man durch inadäquaten Widerstand seine eigenen Absichten sabotiert und sich damit sozusagen selbst bestraft. Gelingt diese Bestrafung, dann hat man sich und der Umwelt – zumeist ohne dies bewußt zu wollen – wieder bewiesen, daß fruchtbarer Widerstand nicht möglich ist. Man braucht nur dem Gegner keine Chance für eine gesunde Reaktion zu lassen, um ihn als »unheilbar« oder von Natur aus böswillig vor aller Welt zu diffamieren. Ich glaube, daß diese beiden Interessen, das der Selbstbestrafung und das der Diffamierung des Gegners, die beide systemerhaltend sind, sehr oft den Weg zur Systemveränderung versperren.

Und doch ist es *jede* Position wert, durch Auseinandersetzung weiterentwickelt zu werden, auch die eigene. Man läßt dem anderen dann eine Chance, sich zu verändern, wenn man sich *selbst* eine Chance läßt zu lernen und nicht auf einer Heilslehre oder auf seinem Recht besteht.

In der Vorstellung fast aller potentiellen »Systemveränderer« steht der Widerstand ganz außen auf einer Seite des politischen Spektrums, rechts oder links. Das bringt eine zwangsläufige Feindschaft gegenüber allen etablierten Strukturen mit sich, den »Kampf gegen das System«. Die politische Mitte ist in dieser Vorstellung und deswegen auch in der Realität von Unentschiedenen und Balancekünstlern besetzt.

Gesunder Widerstand versteht sich nicht als randständig und läßt sich auch von anderen nicht an den Rand drängen. Er hält eine eigenständige, dritte Position in bezug auf die verschiedenen Lager der jeweiligen Spaltungen. Um die Position »in der Mitte« halten zu können, muß man riskieren, daß man nach dem gespaltenen Bewußtsein »zwischen den Stühlen« sitzt. Nach einem lebendigen Widerstandsbewußtsein gibt es immer mindestens drei Stühle: die beiden Stühle der sich in zwei Lagern gegenüberstehenden »Feinde« und den eigenen Stuhl, der dem jeweiligen eigenen Standpunkt entspricht und von dem aus man nur sehr schwer vollständig in eines der beiden Lager gezogen werden kann. Nur in diesem Bewußtsein gerät man nicht in die Gefahr, mit dem einen gegen den anderen »Sturm zu laufen« und in der dadurch anwachsenden Gewalttätigkeit schließlich mit unterzugehen.

So erweist sich das Konzept der Konfliktfähigkeit nicht nur als identisch mit dem Konzept der seelischen Gesundheit, sondern auch als identisch mit dem Konzept der Fähigkeit zu einem gesunden und erfolgreichen politischen Widerstand. Dieser Widerstand ist prinzipiell von *allen* Positionen des Staates her möglich, auch von »ganz oben«. Leider wird das gerade von den »Oberen« oft nicht so gesehen: Sie überlassen den Widerstand den »Unteren« und bekämpfen in diesen dann ihre eigenen revolutionären Tendenzen.

Durch diese Aufgabenverteilung verarmt und verhärtet die Gesellschaft. Wenn die Eltern nur die Erhaltung des Status quo vertreten und die Veränderungsimpulse – auch die eigenen – an die Kinder delegieren, dann ergibt sich daraus ein ständiger Kampf zwischen den Generationen, der nicht sein müßte, wenn alle Beteiligten sich um ihre eigene Gesunderhaltung und um die für sie nötigen Veränderungsprozesse bemühen würden. Lebendigkeit und Zufriedenheit in einer Familie und in einem Staat nehmen zu, wenn jeder *seinen* Platz in diesem System als einen politischen begreift und seine *eigenen* Veränderungswünsche einbringt, so »klein« sie auch sein mögen.

Wie unser Körper auch, so muß die Psyche jedes einzelnen und die Psyche jeder Gesellschaft ständig gesund erhalten werden. Gesundheit ist nicht ein einmal erreichter oder ein endgültig zu erreichender Zustand. Gesundheit ist ein ständiger lebenserhaltender Prozeß. Zur Wahrung unserer körperlichen und seelischen Gesundheit brauchen wir Indikatoren, die Krankheitsgefahren rechtzeitig wahrnehmen und unser Immunsystem in Alarmbereitschaft versetzen, wodurch dann wieder die psychophysischen Lebensprozesse intensiviert werden. Nur die ständige »Übung« solcher Abwehrprozesse sichert die für die Gesunderhaltung nötigen Widerstandskräfte. Um in diesem Sinne nicht aus der Übung zu kommen, ist es nötig, entstehende Konflikte nicht zu umgehen, sondern jeweils einen möglichst adäquaten Versuch zu unternehmen, sie ohne Gewaltanwendung gegen sich selbst und gegen andere durchzustehen.

Widerstand im Sinne solcher Gesunderhaltung oder Verbesserung der »Volksgesundheit« ist heute nötiger denn je. Zwar leben wir nicht in einem totalitären Staat wie vor fünfzig Jahren; die Zerstörung, die wir in unserer »demokratischen« Gesellschaft heraufbeschwören, ist jedoch noch viel größer als die Zerstörung, die der Zweite Weltkrieg mit sich brachte. Wenn man also nicht die Staatsform, sondern die Gefährlichkeit der »Volkskrankheit« miteinander vergleicht, dann sieht man sehr wohl die Notwendigkeit von Widerstand auf allen Ebenen. Zum Glück haben sich die Vorstellungen über einen sinnvollen Widerstand in den letzten zwanzig Jahren so weit verändert, daß wir unser Heil nicht mehr nur im »Zuschlagen und Weglaufen« zu suchen brauchen.

Der Ausstieg aus dem Machtkampf ist der Einstieg in die Veränderung

Ich werde häufig gebeten, die Veränderungschritte beim Ausstieg aus der Gewalt nicht nur theoretisch zu beschreiben, sondern auch konkret zu sagen, »wie man das macht«. Mit dieser Bitte bin ich leider immer wieder überfordert, denn die Veränderung, die ich beschreibe, hängt nicht oder nur in zweiter Linie davon ab, was der einzelne »macht«. In erster Linie hängt sie davon ab, was er erlebt, ob er es wagt, einen Konflikt als Konflikt zu erleben und aufzunehmen, oder ob er eine Konfliktsituation nur so verstehen kann, daß es darum geht, wer stärker ist. Im zweiten Fall wird sein Verhalten dazu führen, daß er sich entweder selbst unterwirft oder daß er den anderen zu unterwerfen versucht. Und für den ersten Fall, für die Fähigkeit, Konflikte als Konflikte zu erleben und auszutragen, gibt es keine Rezepte.

Ich kann aber doch den Ausstieg aus dem Machtkampf noch konkreter beschreiben, als ich es bisher getan habe. Ich kann beschreiben, wie die *Methode* des politischen Widerstands mit dem *Interesse* verbunden ist, das die einzelnen oder auch politische Gruppen im Widerstand verfolgen. Und hier gibt es zwei grundsätzlich unterschiedliche Interessen, die sich gegenseitig ausschließen und die zu gegensätzlichem Handeln und zu gegensätzlichen Ergebnissen führen.

Es gibt im Widerstand einerseits das Interesse, »den Staat vorzuführen«, um zum Beispiel zu zeigen, daß der Staat eigentlich gewalttätig ist, daß er sofort mit Gewalt reagiert, wenn er auch nur ganz »harmlosen« Angriffen ausgesetzt ist. Nach diesem Interesse besteht politischer Widerstand darin, den Staat zu provozieren, um zu beweisen, wie »böse«, wie »gewalttätig« er ist. Man versucht, möglichst viele Anhänger und Mitstreiter im Kampf gegen den Staat zu rekrutieren, indem man die vermutete versteckte Böswilligkeit des Staates und seiner Vertreter aufdeckt. Dabei sieht man nicht, daß weder »der Staat« noch »der Widerstand« *an sich* »böse« ist. Man sieht nicht, daß beide erst dann »böse« *werden*, wenn sie in einen bösartigen Clinch miteinander geraten. Und dieser Clinch wiederum hat damit zu tun, daß beide Seiten resigniert haben in dem Bemühen, mit Andersdenkenden ins Gespräch zu kommen. Der Widerstand von beiden Seiten hat dann vor allem die Funktion, die Resignation auf beiden Seiten zu bestätigen.

Und es gibt andererseits das Interesse, nicht den Staat, sondern Veränderungsmöglichkeiten »vorzuführen« und Veränderungen herbeizuführen. Dieses zweite Interesse ist mit dem ersten nicht vereinbar. Auch eine Staatsmacht, die versucht »ihre« Terroristen »vorzuführen«, ist nicht an Veränderungsprozessen im Sinne von Demokratisierung interessiert, sondern an der »Arbeitsbeschaffung« für ihre »Sicherheitsorgane« und an der Bestätigung ihrer Resignation. Ebenso wie die Widerstandsgruppen, die die Bevölkerung auf die Gewalttätigkeit und Böswilligkeit des Staates aufmerksam machen wollen, so hat dann auch die Staatsmacht kein Interesse an der Verbesserung der Beziehungen mit Andersdenkenden. Die innere Notwendigkeit, einen Feind zu haben, ihn sich als Feind zu erhalten und als Feind zu bekämpfen, führt dazu, daß diese Feinde jeweils bewußt oder unbewußt geschaffen, erhalten und zur Aufrüstung getrieben werden. Daraus ergibt sich ein Zusammenspiel von Gewalt und Gegengewalt, das für viele Menschen, nicht zuletzt auch für Politiker, das einzige Muster zu sein scheint, nach dem zwischenmenschliche Beziehungen ablaufen.

Wer aber Gewalt mit Gegengewalt beantwortet, stellt die Gewalt als Mittel der Auseinandersetzung nicht in Frage; er bestätigt sie. Dies geschieht täglich in unseren privaten Beziehungen, und deshalb auch in der politischen Auseinandersetzung. Wenn wir uns von einem Feind bedroht fühlen, sehen wir sehr schnell nur noch die Androhung oder Anwendung von Gewalt als einzigen Ausweg aus dem Gefühl von Angst und Ohnmacht. Die Gewalt des Gegners dient uns dann zur Legitimation der eigenen Gewalt. Wenn diese Legitimation schwierig wird, dann sorgen wir dafür, daß der Gegner noch gewalttätiger wird.

Im Zusammenspiel von Gewalt und Gegengewalt liefert jeder dem anderen das oft willkommene Stichwort für neue Gewalttätigkeiten. Beide wissen, daß eine Beendigung der Gewaltspirale nur möglich ist, wenn einer der beiden Partner aussteigt, wenn einer von beiden aufhört, Gewalt mit Gewalt zu beantworten. Aber beide erwarten, daß dieser »Aussteiger« der jeweils andere sein soll. Der Gefahr, daß die Ohnmachtsgefühle wiederkommen, will sich keiner aussetzen.

Was ich hier schildere, ist nach meiner Auffassung nicht Ausdruck eines unbezähmbaren Todes- oder Aggressionstriebes, sondern Ausdruck einer Beziehungsstörung, deren Grundlage die psychische Instabilität beider Konfliktpartner ist. Beide glauben, ihre Wünsche nur durch Vernichtung des Feindes durchsetzen zu können. »Entweder du oder ich«, das ist die psychische Devise, nach der sie handeln. Ihre Welt ist eingeteilt in Gut und Böse, Schwarz und Weiß, Freund und Feind. Das Gute muß über das Böse siegen, so glauben beide, damit sie, die Guten, leben oder überleben können.

Daneben stehen scheinbar Unbeteiligte, Zuschauer, die denken, daß dieser Kampf und vor allem der Widerspruch der

»Revolutionäre« gegen die Staatsgewalt völlig überflüssig und sinnlos sei. Nach der Meinung dieser Zuschauer »stören die ja nur die Ordnung, sie können immer nur Nein sagen, haben selbst keine besseren Vorschläge und vor allem kein Vertrauen in die rechtmäßig gewählte Staatsmacht«. Wo Ordnung mit Sicherheit gleichgesetzt wird, wird derjenige, der die Entscheidungen der Staatsgewalt und damit auch deren Vertreter in Frage stellt, nicht als ein Konfliktpartner erlebt, sondern als ein Chaot, ein »Sicherheitsrisiko«. Wenn Sicherheit nicht auch in der Veränderung, sondern nur in der Erhaltung des Bestehenden gesucht wird, dann glaubt man, solche »Chaoten« im Interesse der allgemeinen Sicherheit bekämpfen zu müssen. Sie erscheinen dann manchem bedrohlicher als die Gefahren, auf die sie aufmerksam machen wollen.

Aber ist Widerspruch wirklich überflüssig und womöglich schädlich? Ist die Zufriedenheit und die Sicherheit der Bürger wirklich durch Ruhe und Ordnung, durch Beständigkeit und Vertrauen in die sichere Führung durch die Staatsgewalt zu erreichen? Ich glaube nicht. Leben ist ständige Veränderung. Wenn sich eine Zelle nicht mehr verändern kann, dann stirbt sie. Dasselbe gilt für den ganzen Körper des Menschen, für seine Psyche und für jede soziale Gemeinschaft.

Im psychischen und im sozialen Bereich entsteht Veränderung durch ständigen Widerspruch, das heißt in der dialektischen Verarbeitung von Konflikten. Auf den *Inhalt* des jeweiligen Widerspruchs, also auf die abweichende Meinung selbst, kommt es dabei weniger an als auf den *Umgang* mit dem Widerspruch, also auf die »politische Kultur«. Natürlich ist es unter Umständen viel schwerer, mit einer »sehr verrückten« politischen Meinung oder mit einem »sehr abnormen« psychischen Zustand eines Mitmenschen in dem hier gemeinten Sinn gut umzugehen. Und doch scheint es mir wichtig zu sein, daß die Art der Beziehung im Konflikt nicht aus dem Blickfeld gerät, wenn man vor dem jeweils anderen oder vor seiner Meinung Angst bekommt und deswegen verständlicherweise damit beginnt, ihn zu entwerten. Werden aufgrund dieser Angst die Konflikte durch psychische Abwehrmaßnahmen oder politische Ordnungsmaßnahmen unterdrückt, dann entstehen Symptome, die um so gefährlicher sind, je gewalttätiger die Unterdrückung der Konflikte ist. Die Alternativen heißen also nicht Ordnung oder Chaos, sondern Starrheit oder Lebendigkeit, in der Psyche des einzelnen wie in der Innen- und Außenpolitik.

Alle Überlebenden des Widerstandes gegen das nationalsozialistische Regime sind sich einig darüber, daß ihr Widerstand zu spät kam. Aus dieser Erfahrung können wir lernen, bzw. haben wir zum Teil schon gelernt, daß Widerstand nicht erst in der höchsten Not erforderlich und legitim ist, sondern bereits wenn die ersten Anzeichen von gesellschaftlicher Verhärtung erkennbar werden, und das heißt eigentlich in jedem Moment. Ist die Starrheit in Form von Passivität und Gewalt schon zu weit fortgeschritten, dann ist Widerstand oft nur noch in mörderischer oder selbstmörderischer Form möglich.

Die Vorstellung, daß Widerstand nur in äußerster Not berechtigt ist, entspricht der Vorstellung, Widerstand sei grundsätzlich mit Gewalt gleichzusetzen und Gewalt werde nur durch Gewalt (des Gegners) legitimiert. Also muß man nach dieser Vorstellung mit seinem Widerspruch so lange warten, bis man offensichtlich zum Opfer von Gewalt geworden ist. Diese Vorstellungen machen es uns immer wieder möglich, ungleiche Machtverhältnisse lange Zeit anwachsen zu lassen, ohne zu widersprechen. Wir leben oft lange in dem Bewußtsein, nicht schuldig zu werden, wenn und weil wir nicht widersprechen. Dann stehen wir plötzlich vor der Alternative: resignieren oder zuschlagen.

Hat die gesellschaftliche Verhärtung schon einen Grad erreicht, bei dem Widerstand nur noch unter Gefährdung des eigenen Lebens möglich ist oder möglich zu sein scheint, dann geht die Mehrzahl der Beteiligten in die innere Emigration und delegiert dadurch ihre Widerstandsinteressen an wenige, die ihre Unsicherheit und Angst mit heroischen Gefühlen unterdrücken, dafür aber in ihr Verderben laufen. Sie sind Märtyrer »im Auftrag«, beauftragt, mit ihrem Widerstand unterzugehen, da das gemeinsame Unbewußte im Zustand der Resignation erfolgreichen Widerstand nicht für möglich hält.

Die Diskussion um das Recht auf Widerstand oder die Pflicht zum Widerstand gegen die Staatsgewalt ist sehr alt. Wir finden sie schon bei den Germanen, und sie reicht über Thomas von Aquin und die Reformatoren bis in unsere Zeit. Die Legitimität von Widerstandshandlungen wird in allen diesen Überlegungen von der Verletzung der Treuepflicht zwischen Volk und Herrscher durch den Herrscher oder (im 20. Jahrhundert) durch die Entstehung eines »Unrechtsstaates« abgeleitet. Erst muß der Herrscher oder der Staat tatsächlich Unrecht tun, dann darf oder muß sich das Volk wehren. Nur die marxistische Lehre vom Klassenkampf versteht die *ständige* Revolution als geschichtliche Notwendigkeit.

In unserer Zeit und in unserer Gesellschaft wird allmählich der Gedanke wichtig, daß Widerstand im Sinne von verbalem oder nonverbalem Widerspruch dauernd nötig ist, um die Gesellschaft gesund zu erhalten. Es wird uns bewußt, daß wir in jedem Moment, in dem wir das Entstehen und die mögliche Verleugnung von Konflikten erleben, diese Konflikte auch deutlich machen und austragen müssen, wenn wir Verhärtungen in unseren (privaten und politischen) Beziehungen vermeiden wollen. Je länger wir die jeweils anstehenden Konflikte vermeiden, desto gefährlicher wird der dann plötzlich doch nötige Widerspruch. Nur durch eine Haltung, in der Meinungsverschiedenheiten grundsätzlich als auszudiskutierende und auszutragende Konflikte aufgegriffen werden, kann die Gewalttätigkeit im Widerspruch vermieden werden.

Hat man Konflikte lange Zeit vermieden, dann hat sich in einem selbst im Laufe der Zeit immer mehr Wut gegen den Feind und Angst vor ihm bzw. vor der Auseinandersetzung mit ihm aufgestaut. Man nimmt ihn nicht mehr ernst, man respektiert ihn nicht mehr als Konfliktpartner. Ein Feindbild ist entstanden. Jetzt erscheint einem nicht mehr die erstarrte Beziehung und die eigene Stummheit als Problem, sondern die Böswilligkeit des Feindes. Solange man aber nur den Feind für das Problem hält, fällt einem zur eigenen Rettung nichts anderes ein, als diesen Feind auf irgendeine Weise zu vernichten. Sobald man wieder fähig ist, den Feind als Konfliktpartner ernst zu nehmen – und damit *auch sich selbst* als Konfliktpartner zu respektieren -, kann man versuchen, der Starrheit in der Beziehung wieder Lebendigkeit entgegenzusetzen, zum Beispiel indem man aufhört zu schweigen.

Beim Übergang aus der Stummheit in ein Gespräch, in dem der Gegner als Konfliktpartner ernst genommen wird, entsteht immer die Angst, man könnte die eigene Position verlieren, sich dem anderen und seiner Meinung zu sehr annähern, also kapitulieren. Lebendigkeit besteht aber nicht im Verzicht auf die eigene Meinung und auf die eigenen Wünsche. Das Risiko einer lebendigen Veränderung besteht in dem Versuch, die unterschiedlichen Interessen und Meinungen derart miteinander in Kontakt und in Konflikt kommen zu lassen, daß beide Seiten eine Chance zur Veränderung ihrer Position haben.

Oft stehen sich die Meinungen zweier feindlicher Lager so gegenüber, daß sie sich gegenseitig stützen, wie bei einem Kartenhaus, das aus zwei Karten besteht. Jede der beiden Meinungen wird radikaler und unerbittlicher durch die Existenz des Gegners und dessen Meinung. Eine Annäherung beider Meinungen und ein gemeinsames Handeln ist deswegen nicht möglich, weil jeder in seiner »Stabilität« auf die Unerbittlichkeit und die »Schräglage« des anderen angewiesen ist. Um die eigene Schein-Stabilität zu erhalten, kann man dem anderen keine Chance zur Veränderung oder Annäherung einräumen. Die Statik des »Kartenhauses« verbietet eine »Annäherung« der »Standpunkte«. So geht viel Kraft verloren, die zur gemeinsamen Bewältigung gemeinsamer Gefährdung nötig wäre.

Wenn das Interesse tatsächlich auf Veränderung ausgerichtet ist, dann kann man sich in solchen Situationen fragen: Wieweit bin ich in meiner eigenen Stabilität auf die »Schräglage« des anderen angewiesen? Kann ich vielleicht versuchen, diese »Gegenabhängigkeit« von meinem Gegner aufzulösen, indem ich mich schrittweise selbst etwas »senkrechter« auf die eigenen Beine stelle und dadurch zu einer Annäherung der »Standpunkte« für uns beide beitrage? Natürlich ist man in dem Maße, in dem man auf die Stabilisierung durch den Gegendruck des anderen verzichtet, zunehmend darauf angewiesen, sich selbst auszubalancieren. Man ist gegenüber dem vorhergehenden Zustand »alleine gelassen« und angreifbarer, aber auch freier und »selbständiger«.

Um diesen Schritt der Befreiung oder der Verselbständigung zu riskieren, ist es nötig, die Zusammengehörigkeit und den Zusammenhang zwischen den eigenen Aussagen und den Aussagen des jeweiligen Gegners zu erkennen. Diesen Zusammenhang kann man nur sehen, wenn man die eigene Abhängigkeit vom jeweils anderen nicht verleugnen muß. In einem narzißtischen Bewußtsein ist dieser Zugang zur Realitätswahrnehmung versperrt. Man ist auf blindes Mitagieren mit dem Gegner beschränkt. Man sieht nicht, daß die eigene Meinung gar nicht eine »objektiv« richtige ist, sondern vom eigenen Bewußtseinszustand und vor allem vom Zustand der

Beziehung, in der man sich befindet, abhängt. Die eigene Meinung ist um so undifferenzierter, je mehr man von der »Schräglage« in der Beziehung zum anderen abhängt, denn der andere übernimmt dann um so mehr jeweils die andere Seite der Ambivalenz bzw. die gegenteilige Meinung, die eigentlich die Ergänzung der eigenen Meinung wäre. Die Polarisierung von Meinungen und Standpunkten bedeutet für beide Seiten einen Verlust an Differenziertheit und Überblick über die Realität.

Der Trotz als Reaktion auf eine Konfliktsituation ist oft nur der erste Schritt zur Veränderung. Das absolute Nein und die entsprechenden Vernichtungsphantasien (aktive Vernichtung des Gegners und passive Vernichtung durch den Gegner) sind eine verständliche erste Angstreaktion. Aber wenn es bei der Gegenabhängigkeit des absoluten Nein (nicht nur zur Meinung des Gegners, sondern zumeist auch zu dessen Person) bleibt, ist nur sehr wenig Bewegung, eben nur die »Trotzbewegung«, möglich. Dagegen wird die Bewegung beider »Karten im Kartenhaus« fortgesetzt, wenn es einem von beiden – im Idealfall beiden – Partnern möglich ist, »schrittweise« den Zusammenhang zwischen den beiden Meinungen zu erkennen.

Dazu ist es aber nötig, die eigene Aussage immer nur als einen *Teil* des ganzen Gesprächs zu verstehen. Hier ist nicht ein Kompromiß im Sinne des mathematischen Mittelwerts gemeint, sondern ein Aufeinander-Hören, ein Den-anderen-Fragen, ein Sich-selbst-in-Frage-stellen-Lassen. Lebenserhaltende Veränderungen in der kleinen und in der großen Politik sind nur über verbesserte Beziehungstrukturen zu erreichen. Alle Veränderungen, die den Machtkampf und die Gewalt nicht in Frage stellen, sind keine wirklichen Veränderungen; sie sind ständige Wiederholungen des Gleichen.

Selbst die Erkenntnis, daß der politische Gegner Feinde braucht, reicht nicht aus, um Veränderungen herbeizuführen. Wenn Jutta Ditfurth kürzlich öffentlich feststellte, daß der Staat die Terroristen »sehnsüchtig« benötige, dann enthält diese Aussage zwei blinde Flecken: Erstens braucht und hat nur ein kranker Staat, eine kranke Gesellschaft Terroristen, die dann in ihrer Gewalttätigkeit *Teil* dieser gemeinsamen Krankheit sind. Und zweitens ist dieses »Brauchen« immer ein gegenseitiges Brauchen. Wie »der Staat« je nach dem Grad seiner inneren Spaltung »seine« Terroristen braucht, so brauchen diese Terroristen »ihren« militanten und rücksichtslosen Staat. Durch diese beiden blinden Flekken in Ditfurths Aussage wird eine partielle Einsicht zur militanten Anklage, die das, was wirklich beklagenswert ist, nämlich die Gewalttätigkeit in der Gesellschaft, noch verstärkt. Wer sich von der Aussage Jutta Ditfurths distanziert, ist deshalb nicht notwendig auch ein Parteigänger »des (bösen und gewalttätigen) Staates«. Es kann auch sein, daß er die Gegenseitigkeit der Abhängigkeiten sieht und deshalb *zwischen* die Fronten gerät.

Ich denke, daß in dieser neuen Sichtweise, die die jeweilige »Rückseite« der Fronten und die Korrespondenz der Fronten miteinbezieht, Chancen zur Entwicklung einer besseren politischen Kultur liegen. Diese Chancen sind nicht leicht zu sehen und noch weniger leicht zu ergreifen. Es ist sehr schwer, Zerstörung nicht mit Zerstörung zu beantworten, sondern ihr aktive und attraktive lebenserhaltende Alternativen gegenüberzustellen. Eine gründliche Reflexion der psychosozialen, politischen und ökonomischen Machtverhältnisse und ein besseres Verständnis auch der eigenen Abhängigkeiten könnten dabei aber weiterhelfen.

Für unsere Vorstellungen von einem erfolgreichen politischen Widerstand bedeutet das konkret, daß dringend *gesunde »soziale Biotope«* entwickelt und erhalten werden müssen. Zum Glück tritt die Zerstörung der sozialen Beziehungen nicht gleichzeitig an allen Stellen der Gesellschaft ein, ähnlich wie die Zerstörung der biologischen Umwelt örtliche Schwerpunkte hat. An anderen Stellen findet man noch relativ gesunde »Biotope«, im sozialen wie im biologischen Sinn. Wenn zwei Personen oder zwei Gruppierungen miteinander in einen gewalttätigen Clinch geraten sind, dann gibt es zumeist noch weitere Personen oder Personengruppen, die sich nicht in denselben Clinch auf einer der beiden Seiten einordnen und auch nicht als Zuschauer abseits bleiben. Im immer wieder neu aufbrechenden »Krieg um Wackersdorf« finden sich zum Beispiel auch Personen und Personengruppen, die schon im Vorfeld der Gewalttätigkeiten die psychische Spannkraft und die Angsttoleranz aufbringen, sich im Gespräch mit beiden Seiten für die Veränderung und Verbesserung der politischen Kultur einzusetzen, und es riskieren, dafür eventuell als Verräter oder Feiglinge beschimpft zu werden. Sie stellen ihre relative psychische Gesundheit in den Dienst der gemeinsamen Gesundung, indem sie Kontakte überall da wieder aufzunehmen versuchen, wo sie abgerissen sind. Das ist die beste Hilfe gegen die Resignation, die in der Gewalt auf beiden Seiten enthalten ist.

Wer psychisch auf eigenen Füßen stehen kann und nicht den Druck der Gegenseite braucht, um sich stabil zu fühlen, hat es auch nicht nötig, nach der Devise zu leben: »Wenn zwei sich streiten, freut sich der Dritte.« Für ihn gilt vielmehr: »Wenn zwei sich streiten, ist der Dritte aufgefordert, seine eigene, dritte Position deutlich werden zu lassen.« Wir brauchen zur Auflösung der unmenschlichen »Block-Kultur« in unserer Gesellschaft und des »Lager«-Denkens in unserer Politik möglichst viele solcher »Dritter«, die nicht etwa nur Vermittler sind, sondern eigenständige Personen, die unabhängig innerhalb der bestehenden Blöcke und Parteien, oder parteiunabhängig außerhalb der Parteien, erkennbar werden. Es ist derzeit einer der deutlichsten Wünsche eines großen Teils der Bevölkerung an die Politiker, Blöcke und

Fraktionszwänge aufzulösen, in der politischen Auseinandersetzung menschlich zu werden und mit dem Volk zusammen für unser gemeinsames Überleben zu arbeiten.

Bei der Beobachtung der politischen Ereignisse der letzten Zeit wurde mir immer deutlicher, daß *die wirkliche Veränderung vom Widerspruch in den eigenen Reihen ausgeht*, daß sie *nicht* auf dem »Kampf gegen die anderen« beruht. In Ost und West beginnt man, über eine bessere politische Kultur nachzudenken. Die Kritik an den Zuständen im eigenen Lager wird allmählich für etwas Wertvolles gehalten. Bei den dramatischen Ereignissen in Schleswig-Holstein vor und nach dem Tod von Uwe Barschel war es wiederholt die Kritik aus den eigenen Reihen, die zur Infragestellung verhärteter Machtstrukturen führte – wenn auch bei allen diesen Vorgängen natürlich wiederum Machtinteressen von einzelnen mit im Spiel waren. Das Zusammenbrechen der »Solidarität« in einer Partei hatte zwar erschütternde Folgen, aber es wurde darin für mich auch eine Chance für neue Vorstellungen von Solidarität erkennbar.

Wenn sich Politiker und andere Machthaber darauf einstellen müssen, daß ihre Parteifreunde und nächsten Mitarbeiter nicht mehr unbesehen jedes (auch kriminelle) Verhalten billigen und decken, wenn man in Politik und Wirtschaft befürchten muß, daß sich über die Grenzen von Parteien und Konzernen hinweg Menschen solidarisieren, die eine gute politische Kultur und die Erhaltung unserer Lebensgrundlagen für wichtiger halten als parteipolitische oder wirtschaftliche Machtinteressen, dann ist eine wichtige Veränderung unseres kollektiven Bewußtseins eingetreten.

Die neue und wechselnde Solidarität von Menschen in *unterschiedlichen* Gruppierungen macht Hoffnung auf die Auflösung verhärteter Blockstrukturen, welche bisher die unabdingbare Voraussetzung für eine menschen- und lebensverachtende Politik waren. Wir brauchen diese neue Art der blockübergreifenden Solidarität zwischen beweglichen Menschen, auch wenn diese Menschen und ihre Beweglichkeit noch so wenig in das konventionelle Bild von Ruhe, Ordnung und stummer Gefolgschaft passen. Die ersten Schritte auf diesem Weg der »Loyalitätsbrüche mit dem Ziel der mitmenschlichen Solidarisierung« haben zwangsläufig erst einmal eine scheinbar »verrückte« Qualität. Das macht Angst. Aber wenn wir versuchen, die neue Solidarität für einen Wert zu halten und die Zusammenhänge zwischen Gewaltauflösung und Blockauflösung zu sehen, dann könnten wir die Chance nützen, die in diesem Veränderungsprozeß enthalten ist.

Wie sehen nun solche »gesunden sozialen Biotope« aus, von denen immer wieder ein fruchtbarer Impuls zur Auflösung von gewalttätigen Verklammerungen ausgehen kann? Ich kenne viele Gruppierungen, die der gemeinsame Respekt vor dem Leben und die gemeinsame Sorge um das Leben zusammengeführt hat. Dieser Respekt und diese Sorge betreffen auch das Leben der jeweils anderen, der sogenannten Feinde. In solchen »Biotopen« ist das Bewußtsein erhalten, daß man sich auf seinen Gesprächspartner einlassen, auf ihn zubewegen muß, wenn man möchte, daß er etwas von dem versteht und aufnehmen kann, was man ihm mitteilen will. Dort wird auch versucht, auf die Aufrechterhaltung und die weitere »Ausschmückung« gemeinsamer Feindbilder zu verzichten. Statt dessen beschäftigt man sich damit, die eigenen und die fremden Feindbilder zu verstehen. Man sucht nach Möglichkeiten, die Feindbilder der politischen Gegner nicht blind immer wieder zu bestätigen.

Solchen Gruppen ist es möglich, in der allgemeinen Resignation nicht zu verzweifeln wie die meisten. Der hier erkennbare Mut und die Zuversicht beruhen aber nicht auf der Verdrängung der Gefahren und Schwierigkeiten. Sie beruhen darauf, daß diese Gruppen an der eigenen Gesunderhaltung arbeiten und dabei immer wieder erleben, daß sie Kontakte auch zu Andersdenkenden finden, Kontakte, die sie bisher nicht für möglich gehalten hatten. So kenne ich zum Beispiel »Widerstandsgruppen«, die systematisch an ihren jeweiligen Orten zusammen mit politisch *andersdenkenden* Gruppen Veranstaltungen über kontroverse Themen vorbereiten und durchführen. Sie achten dabei vor allem auf die *Qualität* ihrer Aussagen und ihrer Beziehungen. Sie achten darauf, die Andersdenkenden nicht zu diffamieren, sondern ernst zu nehmen. Sie versuchen, selbst offen zu bleiben für eine mögliche Veränderung oder auch Differenzierung ihrer politischen Meinung und vor allem auch für eine Differenzierung ihrer Meinung über den jeweiligen »Gegner«. Die Angehörigen dieser »Widerstandsgruppen« haben erkannt, daß man realitätsblind wird, wenn man lange Zeit nur noch mit denen spricht, die das Gleiche denken. Nicht nur die eigene Meinung wird dadurch undifferenziert (man glaubt, die Welt sei so und nur so, »wie wir es immer gesagt haben«), es entsteht auch die Vorstellung, als gebe es gar keine Andersdenkenden oder als seien die Andersdenkenden nur böswillig oder nur »ferngesteuert«, »von Moskau« oder »vom Staat«.

Die Existenz und der deutliche politische Erfolg solcher Gruppen macht auch mir immer wieder Mut. In manchen Gemeinden hat diese Art der Friedensarbeit schon erstaunliche Bewußtseinsveränderungen bis hin zu deutlich veränderten Wahlergebnissen herbeiführen können. Hier finde ich stets von neuem meine These bestätigt, daß es bei Bewußtseinsveränderungen im Sinne der Aufklärung nicht auf die *Quantität* der »Mitstreiter« oder des eingesetzten Geldes ankommt, sondern auf die *Qualität* der Beziehungen, in denen die Veränderung stattfindet. Mitmenschlichkeit ist die einzige Basis für lebensrettende Veränderungen. Das bedeutet aber auch, daß sehr viel Kraft und Aufmerksamkeit in solchen Gruppen auf die Beziehungen *innerhalb* der Gruppe gerichtet ist. Soweit die gruppeninternen Konflikte *innerhalb* der Gruppe ausgetragen werden können, müssen sie nicht nach außen verschoben werden. Dann braucht auch keine gemeinsame Heilsideologie gebildet zu werden; die Außengrenzen der Gruppe sind prinzipiell »offen«, auch für Andersdenkende.

Wenn immer mehr solche konfliktfähigen Gruppen entstehen, dann wächst das Risiko wechselnder Wählermehrheiten für *alle* Parteien. Die »treue« Gefolgschaft von »Fußballfans« ihrem jeweiligen »Club« gegenüber vermindert sich. Die Entscheidungen der Politiker müssen sich mehr an den Wünschen der Bevölkerung orientieren, und es werden konfliktfähigere Politiker gewählt. Breitet sich der Gedanke im Volk aus, daß nicht derjenige ein guter Politiker ist, der den politischen Gegner am besten öffentlich diffamieren kann, sondern vielmehr derjenige, der am menschlichsten, am konfliktfähigsten mit dem politischen Gegner umgeht, dann bekommt das Volk auch andere, menschlichere Politiker.

Zu viele Menschen haben noch die Vorstellung, daß sie »böse« werden, wenn sie sich Widerstandsgruppen anschließen, wenn sie von der allgemeinen Stummheit, Passivität und »Rechtschaffenheit« abweichen. Sie haben Angst davor, aus ihren sozialen Bindungen ausgestoßen zu werden. Die Entstehung und Erhaltung »gesunder sozialer Biotope« ist auch gerade deswegen so nötig, weil diese Angst wohl nur durch gegenteilige Erfahrungen aufzulösen ist. Zum Glück brauchen bei uns solche »Widerstandsgruppen« nicht (oder noch nicht?) in den Untergrund zu gehen. Damit eine solche Situation nicht eintritt, müssen wir unsere »gesunden sozialen Biotope« intensiv pflegen und vermehren. In diesen Gruppen und im Umgang mit diesen Gruppen kann die bewußtseinsverändernde Erfahrung gemacht werden, daß es auch von der eigenen psychischen Spannkraft abhängt, ob man im Widerstand »böse«, gewalttätig wird oder nicht.

Viele Mitglieder solcher Gruppen erzählen, daß sie sich psychisch und sogar körperlich wohler fühlen, seitdem sie damit begonnen haben, sich Konflikten auszusetzen und sich auch politisch verantwortlich zu fühlen.

Es ist sehr befriedigend zu erleben, daß tatsächlich die Veränderung dort beginnt, wo der Machtkampf endet. Nur wer die Gewalt – auch in Form von »gewalttätigen« Überzeugungsversuchen – als Mittel der Auseinandersetzung nicht mehr nötig hat, hat eine Chance, mit seiner inhaltlichen Meinung gehört und verstanden zu werden. Die phantasierte oder reale Minderheitenposition kann man nur verlassen, wenn man wirklich auf sie verzichten kann. Dieser Weg des aktiven Widerstandes ist langfristig wirksamer, effektiver als ein kurzfristiges »Zuschlagen und Weglaufen« mit Worten (Polemik), Polizeiknüppeln oder Steinen.

Freilich kommt man zwischen den Fronten der »Aktiven« und »Passiven« im Widerstand immer wieder in die Situation, daß man glaubt, entweder auch gewalttätig werden zu müssen, um vor dem Urteil der »Mutigen« glaubwürdig zu sein, oder die Gewalt der »Aktiven« verteufeln zu müssen, um im Lager der »Friedlichen« anerkannt zu werden. Um nicht selbst zur Verhärtung der Fronten beizutragen und mein Anliegen möglichst wirkungsvoll in den gesellschaftlichen Dialog einbringen zu können, sehe ich oft nur die Möglichkeit, eventuell die Verurteilung beider Seiten in Kauf zu nehmen, und selbst alle Möglichkeiten des Widerspruchs und des Widerstandes zu nutzen, die geeignet sind, die starren Meinungen meiner »Gegner« zu lockern. Manchmal wird das durch ausführliche und differenzierte Briefwechsel oder auch Wortwechsel mit Andersdenkenden möglich, in denen ich sorgfältig darauf achte, meine Berührungs- und Konfliktängste nicht durch die Entwicklung von Feindbildern (Vernichtungsphantasien) zu bewältigen, sondern durch Kontaktaufnahme.

Ich möchte aber diese Position zwischen den Fronten nicht wieder als eine heroische Haltung darstellen. Wie überall besteht auch hier die Gefahr, die Angst durch Größenphantasien zu bewältigen. Unser alltäglicher Narzißmus droht auch diese Position zu verfälschen, wenn wir sie als besondere Märtyrerschaft verstehen und verklären. Die Märtyrerphantasie dient immer zur Verdrängung von Angst, in diesem Falle der Angst vor dem Alleinesein »zwischen den Fronten«. Die Angst vor der Isolation bewältigen wir oft durch Phantasien von besonderer Grandiosität, wozu die Vorstellung gehört, dieses Alleine- und Verlassensein bewußt und absichtlich geplant und strategisch herbeigeführt zu haben. Das stimmt aber nicht. Zwischen die Fronten *gerät* man automatisch, sobald man beginnt, die Rückseite beider Fronten, auch der eigenen, und die Korrespondenz und die Abhängigkeit zwischen den Fronten zu sehen. Das ist ein schmerzhafter und ängstigender Prozeß, dessen existentielle Bedrohlichkeit mit persönlicher Großartigkeit nichts zu tun hat. Das Motiv, das auch dann zur Wirksamkeit dieser Haltung im politischen Widerstand führt, ist der Wunsch nach Veränderung, nicht der Wunsch nach Ansehen und Macht.

Diese aktive und auch riskante Form des Widerstandes ist nicht gewalttätig und dennoch wirksam, oder besser: Sie ist deswegen wirksam, weil sie nicht gewalttätig wird. An dieser Form des Widerstandes können sich *alle* beteiligen, die sich mit ihrer Meinung im Widerspruch zu anderen befinden, auch Regierungsmitglieder. Gerade in Behörden, in der Justiz und in der Wirtschaft müssen die wenigen noch oder schon existierenden »gesunden sozialen Biotope« gepflegt werden, so klein diese »gesunden Zellen« auch sein mögen. Denn auch die Regierenden und die Machthaber sind gut beraten, wenn sie versuchen, Gewalt nicht mit Gegengewalt zu beantworten, sondern durch gewaltfreie Antworten in Frage zu stellen.

Wenn die Gewalttätigkeit unserer Gesellschaft und der Völkergemeinschaft ein Symptom der überall und immer wieder einsetzenden Blockbildung der einen gegen die anderen ist, dann kann nur eine langfristige Strukturveränderung des kollektiven Bewußtseins eine wirkliche Symptomauflösung bringen. Widerstandsvorstellungen, die sich auf die Beseitigung oder Schwächung der »Regierenden« und der »Machthaber« beschränken, sind überholt. Die Befreiung kann heute nicht mehr im »Vatermord« gesucht und gefunden werden, auch wenn sich manche sogenannte »Linke« von dieser Idee noch nicht verabschieden können. Es geht heute darum, Beziehungsstrukturen zu verändern. Blockbildung und Gewalt dürfen nicht durch ständige Wiederholung bestätigt werden. Dazu brauchen wir neben alternativen Energie- und Wirtschaftsformen auch alternative Beziehungsformen, und zwar menschliche Beziehungsformen.

In diesem neuen Widerstandsbewußtsein kann man nicht mit kurzfristigen Erfolgen rechnen. Es liegt ein langer Weg grundsätzlicher Veränderungen vor uns, der mit vielen kleinen Teilerfolgen und mit vielen Rückschlägen gepflastert sein wird. Auch wenn wir noch so sehr unter Zeitdruck stehen, können wir Entwicklungen nicht dadurch beschleunigen, daß wir sie uns schneller wünschen. Aber wir können sofort beginnen, uns an den als sinnvoll und nötig erkannten Veränderungen zu beteiligen.

Vielleicht kommt dieser Widerstand zu spät, weil unsere gemeinsame Krankheit schon zu weit fortgeschritten ist. In mancher Hinsicht kommt er mit Sicherheit schon zu spät, denn es sind durch die Gewalttätigkeit der Menschen bereits irreversible Schäden eingetreten. Trotzdem kann ich nicht sagen: »Macht kaputt, was euch kaputt macht!« Ich sage: »Macht euch nicht kaputt!«

6. Verlorene Geschichte – verlorenes Bewußtsein

Die Fähigkeit zu politischem Widerstand, der wirklich Gewalt vermindert und nicht nur wiederholt, hängt auch mit dem Geschichtsbewußtsein der einzelnen und des Kollektivs zusammen. In dieser Hinsicht »blinde« Revolutionen haben einen hohen Wiederholungsanteil, das heißt: Es kommen zwar unter Umständen andere Führer an die Macht, aber die Strukturen der Macht und der Gewalt bleiben sehr ähnlich. Ich möchte deswegen auf die Bedingungen und Folgen von ahistorischen Weltbildern eingehen. Hier zeigt sich in der Psychotherapie und in der Politik eine ähnliche Problematik.

Die Angst vor der Vergangenheit und der Glaube an den Fortschritt

In der Psychotherapie wie in der Politik gibt es Strömungen, die die Beschäftigung mit der Vergangenheit des Individuums beziehungsweise des gesellschaftlichen Kollektivs für überflüssig, ja für schädlich halten. Was vergangen ist, könne man heute nicht mehr ändern, und die Existenz eines Unbewußten, wie es die Psychoanalyse sich vorstellt, sei sowieso nicht nachzuweisen. Der Einfluß vergangener Bedingungen auf die heutigen Reaktionen einer Person oder einer Gesellschaft sei nicht beweisbar. Bei den Vorstellungen der Psychoanalyse über die unausweichliche Wiederkehr des Verdrängten handle es sich um Spekulationen und Hirngespinste, die wesentlich zur Ineffektivität und Unwissenschaftlichkeit dieser Methode beitrügen.

Der Beschäftigung mit der Vergangenheit wird die »kraftvolle« Bewältigung der Gegenwart und der Zukunft entgegengesetzt: Wenn wir *jetzt* Schwierigkeiten haben, dann müssen wir uns mit unseren *heutigen* Ressourcen und Möglichkeiten beschäftigen und nicht nur immer in der Vergangenheit herumbohren, in unserer eigenen Schuld, oder die Schuld für unser heutiges Versagen bei unseren Eltern und in unserem Unbewußten suchen. Das sei eine pessimistische Vorwurfshaltung, typisch für die Psychoanalyse. Und gerade diese pessimistische Haltung erzeuge immer noch weitere Unfähigkeit und verhindere, was in aufbauender Psychotherapie und aktiver Politik alleine hilfreich sei: die Betonung des Positiven, der optimistische und vertrauensvolle Blick in die Zukunft und die Entwicklung von effektiven Strategien zur Bewältigung unserer heutigen Schwierigkeiten.

Psychoanalyse erscheint von diesem Standpunkt aus wie eine teils idealistische, teils pessimistische Weltanschauung von einigen »Spinnern«, die es nicht wagen, aktiv zu werden, und die unfähig sind, positive Werte zu schaffen. Die Beschäftigung mit der Vergangenheit scheint die »Bewältigung« der Zukunft auszuschließen. Und vielleicht stimmt diese These sogar, allerdings vor allem in ihrer Umkehrung, nämlich insofern, als der Glaube an den permanenten Fortschritt tatsächlich das Verständnis der Vergangenheit behindert. In einem Weltbild, in dem grundsätzlich das Neue besser ist als das Alte, das Kommende besser als das Gewesene, in einem solchen Weltbild wird in der Gegenwart eine Zäsur gesetzt, die das kommende Gute gegen das gewesene Schlechte abgrenzt und schützt.

Wenn man das Leben des Individuums und der Gesellschaft aber als einen kontinuierlichen Prozeß versteht, sieht man die ständigen Wiederholungen der Vergangenheit in der Gegenwart. Als Psychoanalytiker weiß man – oder kann man wissen –, daß nur jeweils *die* leidvollen Anteile der Vergangenheit sich wiederholen, die nicht »bewältigt« wurden. Diese Wiederholung ist allerdings unausweichlich; gegen sie hilft kein Fortschrittsglaube und kein noch so gewaltsames »Herumreißen des Ruders« in einem Strom, der nach seiner eigenen Gesetzmäßigkeit weiterfließt und in dem wir alle in dem Maße hilflos mitschwimmen müssen, in dem wir das Gewesene als »schlecht und vorbei« aus unserer bewußten Wahrnehmung der Gegenwart auszuschließen versuchen. Wer immer nur »fortschreitet«, wer sich nur auf den vermeintlichen Fortschritt konzentriert, wiederholt unbewußt die Szenen der Vergangenheit. Er schreitet also eigentlich *nicht* fort, denn er verändert sich nicht.

Ich habe eben den Begriff »die Vergangenheit bewältigen« verwendet, obwohl mir dieser Begriff und seine Verwendung sehr unklar und mißverständlich zu sein scheinen. Mir scheint auch, daß dieser Begriff in der politischen Diskussion häufig inhalts- und konsequenzenlos, weil mißverstanden verwendet wird. Das Wort »Bewältigung« weist für mich in seiner gewalttätigen Bedeutung auf ebensolche Vorstellungen über den richtigen Umgang mit der Vergangenheit hin, so als sei Vergangenheit etwas, womit man fertig werden muß, was man nicht länger andauern lassen darf. Die »Bewältigung« der Vergangenheit scheint jedenfalls eine Aufgabe zu sein, die schwer zu lösen ist, eine Leistung, die Anstrengung erfordert. Die Vergangenheit selbst erscheint dann fast wie ein Feind, der schwer zu »bewältigen«, schwer zu überwältigen ist. Und Vergangenheitsbewältigung erschöpft sich in der moralischen Verurteilung von Tätern, mit denen die heute Urteilenden offenbar nichts zu tun haben. Ich will mich im folgenden mit den Vorstellungen und Erfahrungen der Psychoanalyse zum Vorgang der »Vergangenheitsbewältigung«, seinen Bedingungen und Folgen beschäftigen. Dazu meine erste These:

Macht beruht auf Unbewußtheit

Vom Standpunkt der Psychoanalyse aus erscheint die eben dargestellte ahistorische Haltung in Psychotherapie und Politik wie ein Prototyp der Verdrängung von Angst und Unsicherheit. Wer seine Geschichte als wesentlichen Teil seines Werdens und Seins von sich selbst abtrennen will, hat Angst vor der Abhängigkeit. Er hat Angst davor zu sehen, daß er schon immer in seinen Reaktionen von seiner Umgebung abhängig war und daß seine Entscheidungen zeitlebens nicht »autonome« Entscheidungen sind, sondern Reaktionen oder auch Antworten auf Rollenzuweisungen und Erwartungen von seiten seiner Bezugspersonen. Er fürchtet auch zu erkennen, daß er von seinen eigenen unbewußten Motiven abhängig ist und von unbewußten Abwehrmechanismen im Kollektiv. Diese Erkenntnis ist eine schwere Kränkung für einen Menschen, der psychisch von der Idee zu leben versucht, daß er immer Herr seines Handelns und entsprechend Herr der Situationen, in denen er sich befindet, sein kann und sein muß.

Durch die Verleugnung unbewußter Handlungsmotive beim Individuum und in der Gesellschaft, die mit der Verleugnung der geschichtlichen Abhängigkeiten einhergeht, entsteht eine Phantasie von der strategischen Kontrollierbarkeit aller Situationen, letztlich die Phantasie von der Machbarkeit der Zukunft. Das strategische Denken in der Psychotherapie ist hier wie auch in der Politik immer wieder sehr attraktiv, verkünden uns doch seine Vertreter, sie wüßten jederzeit genau, wohin der richtige Weg führt und wie kritische Situationen garantiert sicher zu bewältigen sind. In diesem Denken scheint es so, als müßte man mit aus dem Unbewußten stammenden Hindernissen dann nicht rechnen, wenn man sie einfach nicht wahrnimmt. Eine Scheinwelt der Machbarkeit und der Regeln für die Herstellung von erwünschten Zuständen hilft uns allen, nicht nur den Psychoanalyse-Gegnern, immer wieder von der Angst und Unsicherheit unserer wirklichen Welt Abstand zu gewinnen.

Jedes Kind lernt schon in den ersten Lebensjahren, sich eine solche Scheinwelt der Machbarkeit nach dem Muster der Scheinwelten der Erwachsenen aufzubauen. Es lernt, falsche Begründungen für ein bestimmtes Verhalten anzugeben. Es lernt zu glauben, daß die Welt und das Leben eigentlich große Rechenaufgaben sind, in der es die richtigen Lösungen zu finden gilt, was immer das Kriterium für die Richtigkeit solcher Lösungen dann auch sein mag. Das Leben kann man nur »bewältigen«, so lernt das Kind, wenn man »effektiv« ist, wenn man Macht entwickelt, wenn man die anderen unter Ausnutzung von deren Abwehrmechanismen dazu bringt, das zu tun, was man will. Da seine wirklichen Wünsche und Gefühle den Erwachsenen Angst machen und deswegen überhört und bestraft werden, lernt es, sich in seiner Argumentation dieser Scheinwelt der Erwachsenen anzupassen und den Ausdruck von wahren Wünschen und Gefühlen aufzugeben. Wäre es nur auf den Ausdruck dieser seiner wirklichen Gefühle, also auf sein »wahres Selbst«, angewiesen, dann wäre es abhängig von der Zuneigung und dem selbstverständlichen Wunsch seiner Umgebung, ein kleines Kind zu versorgen. Es hätte keine Macht, es könnte seine Umgebung nicht manipulieren. Also entwickelt es eine Methode, die ihm die Teilnahme an der Macht der anderen ermöglicht, indem es wichtige Teile seiner selbst unbewußt werden läßt.

Jede Machtbeziehung zwischen Menschen beruht auf Unbewußtheit und kann prinzipiell durch Aufhebung dieser Unbewußtheit aufgelöst werden[1]. In der Scheinwelt der Rationalisierungen und der »Sachzwänge« bleiben die wirklichen Gefühle unbewußt. Ebenso wird in der Scheinwelt der zwischenmenschlichen Manipulation die Abhängigkeit des manipulierenden Subjekts vom manipulierten Objekt unbewußt gehalten. Die Mutter scheint vom Kind nicht abhängig zu sein, der Staat nicht von seinen Bürgern. Es sieht auch so aus, als hätte das manipulierende Subjekt keinerlei Schaden davon, wenn es das manipulierte Objekt zu dem für das Subjekt günstigen Verhalten bringt. Der Psychotherapeut scheint nicht Schaden zu nehmen, wenn er seinen Patienten nur manipulativ behandelt und sich dabei die Auseinandersetzung mit ihm erspart. Der Politiker scheint nur davon zu profitieren, wenn er mit geschickter Propaganda die Wahlen zu seinen Gunsten beeinflußt. Wenn ich etwas erreichen *kann*, was ich gut finde und was mir nützt, warum sollte ich es nicht versuchen?

In der Psychotherapie wie in der Politik wird zumeist auch noch diese eigennützige Motivation des Subjekts, also das Machtbedürfnis des Therapeuten und des Politikers, verschleiert. Man mystifiziert sein Verhalten, indem man jede angestrebte Veränderung nur unter dem Gesichtspunkt »zum besten des Patienten« oder »zum besten des Volkes« interpretiert. Die Interessen des Therapeuten und auch die des Politikers müssen unbewußt bleiben, weil er sonst seine Macht über den Patienten beziehungsweise über seine Wähler verlöre. Würde deutlich, daß der Psychotherapeut oder der Politiker eigentlich für sich selbst sorgt, dann würden Patienten und Wähler bemerken, daß sie selbst für sich sorgen müssen. Das würde zu Auseinandersetzungen führen, die jeweils beiden Seiten nur gut tun könnten. Aber die Mystifizierungen würden aufgehoben und mit ihnen die Macht, die auf diesen Mystifizierungen beruht. Psychotherapeuten und Politiker würden die *gegenseitige* Abhängigkeit erleben, also auch ihre jeweils eigene psychische Abhängigkeit vom Patienten beziehungsweise von den Strömungen und Tendenzen in der Bevölkerung.

Wird diese Gegenseitigkeit nicht gesehen, dann entsteht das Gefühl und im Gefolge auch die Realität von Macht des einen über den anderen. Wer seine Abhängigkeit verleugnet, wird dadurch mächtig, aber auch einsam. Er sieht Beziehungen nur unter den Kategorien von Tätern und Opfern, von Schuldigen und Unschuldigen. Und diese einseitige Sicht führt oft zur Wiederholung von Gewalttätigkeit, sie führt zum Kampf zweier Lager, der Verständigung ausschließt. Da immer das Opfer als gut, der Täter als böse angesehen wird, achten verständlicherweise beide Seiten darauf, die Gegenseitigkeit ihrer Abhängigkeit voneinander nicht wahrzunehmen. Nur unter dieser Voraussetzung kann weiterhin mit »gutem« Gewissen Macht ausgeübt werden. Die Illusion, nicht Täter oder Mittäter zu sein, befreit uns von dem Gefühl der Schuld und von dem Bewußtsein der Verantwortung für das Mißlingen und für das Unbehagen in der Beziehung. Gleichzeitig ist diese Illusion aller Beteiligten, Opfer und nicht auch Täter zu sein, eine wichtige Grundlage für die ständige Wiederholung von Szenen der Vergewaltigung und der Unterdrückung, in unseren Familien ebenso wie in unseren gesellschaftlichen und politischen Beziehungen.

Dabei wissen wir sehr wohl – zumindest unbewußt –, daß der andere von uns abhängig ist und reagieren muß. Auf raffinierte Weise veranlassen wir ihn z.B. zu besonderer Gewalttätigkeit oder Bösartigkeit, um dann selbst unter dem Deckmantel des scheinbaren Rechts gewalttätig werden zu können. So »rüsten« sich Polizei und Demonstranten, Verfassungsschutz und Terroristen gegenseitig »auf«. Jeder verschafft sich Legitimität und »Arbeit« oder »Sinn«, indem er den anderen dazu bringt, besonders hart gegen ihn selbst vorzugehen. In Paarbeziehungen, in denen die Partner resigniert haben, ist derselbe Vorgang zu sehen. Die Abhängigkeit des anderen von uns selbst müssen wir dabei natürlich unbewußt halten, damit der Schein der Rechtmäßigkeit unseres Verhaltens bleibt. Es sieht dann für jede Seite so aus, als wäre sie immer nur gezwungen, auf einen »bösartigen« oder »gewalttätigen« Menschen zu reagieren. Nur wenn niemand mehr bemerkt, daß ich selbst meine »terroristischen« Gegner zu ihrem »böswilligen« Verhalten mit veranlaßt habe, kann ich behaupten, mit meiner eigenen Gewalttätigkeit lediglich auf die schon vorher bestehende Gewalttätigkeit der anderen zu reagieren.

In der Wissenschaft sind ähnliche Vorgänge zu erkennen. Um Macht über den »Gegenstand« zu gewinnen, um ihn skrupellos ausbeuten und manipulieren zu können, ist es nötig, die Erkenntnisinteressen der Forscher, ihre wahren Motive und die Art ihrer Beziehung zum Forschungsgegenstand unbewußt zu halten. Soweit sich Psychotherapie an solchen »naturwissenschaftlichen« Erkenntnissen und Methoden orientiert, blendet sie ebenfalls den Psychotherapeuten als wichtigen Teil des psychotherapeutischen Geschehens aus. Seine persönliche Geschichte, seine Abhängigkeit von dieser Geschichte, seine eigenen Wiederholungszwänge sind nicht Gegenstand der Betrachtung. Statt dessen beschäftigt man sich ausschließlich oder vorwiegend mit den Möglichkeiten der Veränderung des Patienten. Das technische »Know-how« wird dann auch in der Psychotherapie zum Orientierungspunkt des Handelns. Man glaubt, dadurch unabhängig zu werden, und wird doch gerade dadurch abhängig, denn man *sieht* die eigene Abhängigkeit nicht mehr und kann sie deswegen auch nicht auflösen.

Gewalt gegen das Forschungsobjekt in der wissenschaftlichen Fragestellung und in der Methode stößt höchstens beim Menschen – neuerdings auch andeutungsweise bei Tieren -, aber in jedem Fall nur in sehr oberflächlicher Weise auf ethische Schranken. In fast allen Wissenschaften scheint es selbstverständlich zu sein, daß ein Forscher sein Objekt ausschließlich zu dem Zweck studiert, es in den Griff zu bekommen, es manipulieren – oder vergewaltigen – zu können. Die Abhängigkeit der Wissenschaftler und aller anderen Menschen von der Reaktion der derart untersuchten und manipulierten Objekte wird erst allmählich bewußt, da wir unser eigenes Leben durch die mit Hilfe solcher »unbewußten« und ahistorischen Wissenschaft verursachte Zerstörung der Umwelt gefährdet sehen.

Auch in der Politik beruhen Macht und Gewalt auf Unbewußtheit. Auch hier entsteht durch das Unbewußtwerden der Tatsache, daß alle Menschen – auch die politischen Gegner – einander zum Überleben brauchen, eine Scheinwelt. Die weitaus meisten Aussagen von Politikern dienen der Propaganda, der Manipulation mit Hilfe unbewußter Ängste und Abwehrmechanismen der Bevölkerung. Feindbilder werden produziert, um Macht aufrechtzuerhalten oder zu gewinnen. Sie würden sich auflösen, wenn das Wissen um die Abhängigkeit von guten Beziehungen zu den Feinden als wichtigste politische Maxime aus der Verdrängung zurückkehren könnte. Sie würden sich auflösen, wenn die Szenen der Wiederholung von Gewalt bewußt und wenn nicht immer wieder Vergangenheit als schlecht, Gegenwart und Zukunft als gut oder besser angesehen würden. Wenn die Kinder entdeckten, daß sie die Gewalt ihrer Eltern blind wiederholen, wenn die Mitglieder der RAF, aber auch die Verantwortlichen der gegen sie kämpfenden staatlichen Gewalt, erkennen könnten, daß sie die Brutalität z.B. der Nationalsozialisten wiederholen, dann könnte sich an diesen

Wiederholungsszenen und auch an den Feindbildern etwas ändern.

Damit würde sich allerdings auch die Macht der entsprechenden Propaganda und der so agierenden Politiker auflösen. Die Wiederkehr des Verdrängten löst überall dort, wo sie nicht behindert wird, Machtstrukturen auf. Und diese Machtstrukturen sind die verhärteten und gefährlichen Stellen unserer persönlichen und politischen Beziehungen.

Meine zweite These:

Die Angst vor dem Leben verhindert das Bewußtwerden der wirklichen Welt

Nach Freuds schönem Bild vom »natürlichen Auftrieb des Unbewußten«[2] kann und braucht diese Veränderung nicht mit Hilfe irgendwelcher (psychotherapeutischen) Strategien herbeigeführt zu werden. Das heißt allerdings nicht, daß sie von selbst geschieht. Aber es heißt, daß sich im Gesamtsystem etwas verändert, wenn sich an einer Stelle des Systems ein Beteiligter, zum Beispiel der Psychotherapeut, nicht mehr auf die Mechanismen der Macht, sondern auf den Prozeß der Auseinandersetzung verläßt. Der natürliche Auftrieb des Unbewußten entspricht den psychischen Gesundungstendenzen des einzelnen und der Gesellschaft. Man kann einen Menschen, eine Familie oder auch eine Gesellschaft nicht gesund *machen*. Man kann aber versuchen, das Auftauchen der wirklichen Welt mit ihren Gefahren und Möglichkeiten in sich selbst und bei anderen möglichst wenig zu behindern. Die beste Unterstützung im Prozeß der Gesundung ist die Aufklärung im Sinne des Bewußtwerdenlassens bisher abgespaltener Wünsche und Gefühle, der wahren Motive unseres privaten und politischen Handelns.

Aber diesem natürlichen Auftrieb des Unbewußten, der spontanen Wiederkehr des Verdrängten stehen Ängste entgegen, nämlich *die* Ängste, die Unbewußtheit und Macht bisher produziert und aufrechterhalten haben. Das kleine Kind verzichtet, wie schon gesagt, im Lauf seiner Sozialisation darauf, sich seinen wahren Wünschen und Gefühlen entsprechend zu verhalten, ja es beginnt selbst, diese seine wirkliche Welt, sein »wahres Selbst« nicht mehr wahrzunehmen. Wo es seiner selbst doch noch bewußt wird, lernt es seine Wünsche und Gefühle, die die Machtbeziehungen in seiner Umwelt in Frage stellen würden, zu diffamieren. Das ist ein Grund dafür, daß es uns im psychotherapeutischen und im politischen Bereich so schwer fällt, die Abwehr unserer Umgebung nicht mitzumachen.

Aber was fürchten wir denn, wenn wir es nicht wagen, das wahrzunehmen, zu denken und zu sagen, was wir eigentlich von der wirklichen Welt sehen und wissen könnten? Wenn wir das kleine Kind betrachten, sehen wir zunächst den Grund, daß es eine einmal erlebte Frustration seiner Wünsche, ein einmal erfahrenes Mißverständnis seiner Gefühle in Zukunft vermeiden will. Es geht das Risiko nicht mehr ein, mit seinen Gefühlen abgelehnt zu werden, keine adäquate Resonanz zu finden. Anstatt zu bitten, stellt es Forderungen, oder es erfindet »Sachzwänge«, die sein Verhalten und seine Machtansprüche vor den Augen der Welt legitimieren.

Ein anderer Grund, weshalb wir selbst den natürlichen Auftrieb des Unbewußten, das Erkennen der Nacktheit des »Kaisers mit den neuen Kleidern« vermeiden, wird zumeist erst in zweiter Linie oder gar nicht gesehen. Ich meine die Angst vor der Erweiterung unserer Lebensmöglichkeiten, vor der Freiheit und der Selbstbestimmung im mitmenschlichen Zusammenleben. Die Wiederkehr des Verdrängten eröffnet die Gefängnistore in eine sehr riskante Freiheit, in ein Leben, das weniger Absicherungen gegen Frustration und auch gegen bisher gemeinsam vermiedene Befriedigung enthält als das Gefängnis der Selbst- und Fremdmanipulation. Man riskiert dort nicht nur, mit seinen Wünschen und Gefühlen abgelehnt zu werden, man riskiert auch, angenommen zu werden. Man riskiert, im politischen Widerstand erfolgreich zu sein, was immer auch bedeutet, daß man sein bisheriges Weltbild korrigieren muß und »Feinde« verliert.

Diese Angst vor dem Erfolg im politischen Widerstand ist fast nie bewußt. Im Gegenteil: Politische Passivität oder auch politische Gewalt werden fast immer damit begründet, daß es andere Möglichkeiten nicht gebe. Die Resignation dient dazu, die Angst vor der Freiheit zu verschleiern. Immer neue Begründungen und Sachzwänge werden angeführt, wenn die Freiheit, aber eben auch der Verlust der Feindbilder und der Macht »droht«. (Man vergleiche die vielen Sachzwänge, die unseren Politikern derzeit für die Aufrechterhaltung der Kernkraftnutzung einfallen.) Die »selbstverschuldete Unmündigkeit«[3] wird so lange aufrechterhalten, wie sie subjektiv sicherer zu sein scheint als das Leben außerhalb des Gefängnisses der Unbewußtheit.

Die Befreiung aus diesem Gefängnis bedeutet in allen Fällen auch den Verzicht auf die Macht über sich selbst und über andere. Ohne diesen Verzicht ist keine Freiheit möglich. »Freiheit herrscht nicht«, sagt Erich Fried[4]. Gewaltsame Objektbeziehungen, Entwertung und Unterdrückung des anderen ist im selben Maße nicht mehr möglich, in dem man auf die Unterdrückung und das heißt auf die Unbewußtheit in sich selbst verzichtet. Deshalb sind sensible und psychisch lebendige Psychotherapeuten und Politiker im Wettkampf der Macht zumeist unterlegen. Sie können keine Strategien zur Unterdrückung des anderen entwickeln und durchführen, zumindest fällt ihnen das viel schwerer als anderen. Statt dessen können sie sich leichter einlassen auf die natürlichen Gesundungstendenzen der einzelnen und der Gesellschaft.

In dieser Haltung tragen sie allerdings mehr zur grundsätzlichen (strukturellen) Veränderung der Patienten beziehungsweise der Gesellschaft bei als ihre strategisch denkenden Kollegen und Konkurrenten. Ohne Wiederkehr des Verdrängten kann Veränderung immer nur in der Umschichtung von Machtbeziehungen und von deren symptomatischem Ausdruck bestehen. Ohne Bewußtseinsveränderung werden wir vergeblich auf die Auflösung unserer Machtsymptome warten, wie zum Beispiel der Kernkraftwerke, der Waffenarsenale, der Gewalt in Politik und Wirtschaft und der Umweltzerstörung. Die ständige Wiederholung der Gewaltszenen in unserem privaten und öffentlichen Leben ist nur zu beenden, wenn die wirklichen Gefühle und Wünsche der Menschen wieder bewußt und dadurch für das äußere Verhalten bedeutsam werden.

Meine dritte These:

Die Erforschung der Vergangenheit dient dem Verständnis und der Veränderung der Gegenwart

Psychoanalyse wird oft als »Vergangenheitstherapie« mißverstanden und abgewertet. Freud untersuchte die Entstehung der Unbewußtheit in der Kindheit und fand auf diese Weise einen Zugang zu den abgewehrten Wünschen und Gefühlen seiner Patienten. Diese Erkenntnis wird, wie schon erwähnt, von manchen Kritikern der Psychoanalyse, der psychoanalytischen Familientherapie und auch der politischen Psychoanalyse als ein für die Heilung im Hier und Jetzt völlig überflüssiges Beiwerk angesehen.

Diese Psychoanalyse-Kritik übersieht die Bedeutung des Wiederholungszwanges und die Chance, die ständige Wiederholung derselben destruktiven Szenen im Leben des Individuums und der Gesellschaft dadurch zu vermeiden, daß man die in den schon abgelaufenen Szenen unbewußt gebliebenen Anteile hier und jetzt bewußt werden läßt.

Aus der Geschichte lernen heißt psychoanalytisch verstanden: die Verdrängung von damals und ihre Folgen als notwendig akzeptieren. Das bedeutet nicht, das damalige Geschehen zu entschuldigen, sondern das damalige Geschehen in seiner Psychodynamik und Soziodynamik zu begreifen. Dabei werden Ängste bewußt, die damals zur Gewalttätigkeit führten, die aber mit Hilfe der Gewaltausübung damals unterdrückt wurden und unentdeckt blieben. Und gleichzeitig werden die damals unterdrückten Wünsche wieder bewußt. Denn die Symptomatik damals und jetzt ist ein Kompromiß aus nicht erlebten Wünschen einerseits und Ängsten andererseits. Es geschieht also in diesem Vorgang immer beides: Das Verlorene wird wiedergefunden, und in diesem Wiederfinden entsteht nicht etwa die Vergangenheit wieder; es entsteht etwas Neues, das noch nie da war, es entsteht eine Verbindung zwischen dem Erleben und dem Verhalten und damit ein neues Bewußtsein von Verantwortlichkeit.

Im politischen oder gesellschaftlichen Zusammenhang bedeutet das: Wir haben nicht dann aus der Vergangenheit gelernt, wenn wir unsere heutigen Feinde mit den »Bösen« aus früherer Zeit (z.B. den Nationalsozialisten oder den Kommunisten) gleichsetzen und diese Gleichsetzung als Grund für den Kampf gegen diese unsere heutigen Feinde angeben. Nicht die alten Feinde kehren wieder, eventuell in neuer Gestalt, sondern die Gewalt zwischen den Menschen als Ausdruck einer individuellen oder auch kollektiven Erkrankung kehrt immer wieder. Wir haben aus unserer

Vergangenheit dann gelernt, wenn wir am Schicksal unserer Vorfahren oder auch an unserem eigenen Schicksal erkannt haben, daß die *Spaltung* der zwischenmenschlichen Beziehungen in Freunde und Feinde das Problem ist, das immer wiederkehrt. Wir lernen dann aus der Geschichte, wenn wir erkennen, weshalb früher ebenso wie heute Minderheiten unterdrückt wurden und werden, weshalb die Gefährlichkeit von bestimmten Entwicklungen in Politik, Wirtschaft, Wissenschaft und Technik weitgehend unbewußt bleibt und weshalb Widerstandskräfte gegen solche Entwicklungen nicht rechtzeitig in Gang kommen. Ein ahistorisches Weltbild, das die Vergangenheit als Chance, sich selbst und die Menschheit zu begreifen, nicht nützt, führt zur blinden Wiederholung der immer gleichen Szenen, eventuell mit zunehmender Gefährdung für den einzelnen und für das Kollektiv.

In der Geschichtswissenschaft geht es derzeit um die »Historisierung« unserer nationalsozialistischen Vergangenheit. Man möchte aus der Be- und Entschuldigung herausfinden und die damaligen Geschehnisse »objektiv« betrachten (vgl. das nächste Kapitel). Der sogenannte Historiker-Streit hat die Schwierigkeiten deutlich gemacht, die mit diesem Versuch, die Dynamik einer so hemmungslosen Gewalttätigkeit zu verstehen, verbunden ist. Ich sehe die Schwierigkeiten dieses Versuchs in Parallele zu der Schwierigkeit, die Lebensgeschichte eines sehr schwer gestörten Patienten zu erarbeiten. Die Spaltungen in Gut und Böse, in Opfer und Täter sind hier so stark, daß man immer wieder in dieses Schema verfällt oder auch von anderen nur unter diesem Schema verstanden werden kann. Ich werde diese Vorgänge noch näher darstellen.

In der Psychoanalyse hilft bei der »Historisierung« einer Lebensgeschichte die Vorstellung, daß jeder Mensch sowohl Produkt als auch Produzent seiner Umwelt ist – also nicht nur

Produkt im Sinne von Opfer. Diese doppelte oder dialektische Sicht des Menschen hebt die einseitige Klage gegen »die Gesellschaft« auf, wie sie in vielen soziologischen Theorien enthalten ist. Sie verschiebt diese Klage aber auch nicht auf eine Anklage gegen die »pathogenen Eltern«, wie man es häufig in einem Mißverständnis der Psychoanalyse zuschreibt. Es geht vielmehr um ein Verständnis der Antwort des damaligen Kindes, um ein Verständnis der Antwort des heutigen Erwachsenen auf seine Umgebung. Die Zwangsläufigkeit und Unausweichlichkeit der damaligen Antwort wird dabei ebenso anerkannt wie das Bedürfnis, heute diese Zwangsläufigkeit und die Notwendigkeit ständiger Wiederholungen in Frage zu stellen.

Doch auch die entwertende Beschuldigung des einzelnen als »Neurotiker« oder »Psychotiker« entfällt, wenn man den Menschen und seine Geschichte in diesem Sinne dialektisch versteht. Diagnostische Kategorien bekommen deutlicher beschreibenden Charakter. Sie werden zu Hilfsmitteln der Beschreibung von Not und von Notlösungen. Die Minderwertigkeit sogenannter neurotischer Reaktionen im Vergleich zu sogenannten normalen Reaktionen wird fraglich, wenn man erkennt, daß das Sosein eines jeden Menschen in jedem Fall die für ihn bestmögliche Lösung der Konfliktkonstellationen ist, in denen er bisher gelebt hat. Von diesem Standpunkt aus ist es unsinnig, ihn – oder auch sich selbst – mit einer wie auch immer gearteten besseren Normalität zu vergleichen und auf diese Norm hin zu behandeln. Es geht in der Psychotherapie wie in der Politik um Befreiung zu mehr Lebendigkeit, nicht um bessere Anpassung.

Es stehen sich also in beiden Gebieten zwei diametral entgegengesetzte Formen der Veränderung gegenüber: die Veränderung durch aufdeckendes Verstehen von Konfliktlösungen und die Veränderung durch Manipulation – und das heißt: unter Beibehaltung und Ausnutzung der bestehenden

Abwehrmechanismen. Ich glaube, daß beide Veränderungsformen sich ständig in allen Psychotherapieformen wie auch in allen zwischenmenschlichen Beziehungen mischen, daß also der aufdeckende oder aufklärende Weg weder auf die Psychoanalyse beschränkt ist noch durch eine solche Behandlung garantiert wird. Welche Veränderung möglich ist, hängt erst in zweiter Linie von der Behandlungsmethode ab. In erster Linie ist es eine Frage der Angst und der Angsttoleranz, ob wir, auch als Psychoanalytiker, bisherige Machtpositionen aufgeben können, ob wir es wagen, unsere eigenen Positionen immer wieder in Frage zu stellen, unsere eigene Geschichte und die Geschichte unserer Patienten beziehungsweise unseres ganzen Volkes immer wieder neu zu verstehen. Wenn man in dieser Geschichte irgendeine Person nur als Täter und damit als Feind ausgemacht hat, ist das zunächst einmal ein Zeichen dafür, daß man Angst hat, die Spannung auszuhalten, die in der betrachteten Szene liegt und die schon damals nicht ausgehalten wurde. Dies ist kein Plädoyer gegen Feindbilder, aber eine Anregung, das Entstehen von Feindbildern als Ausdruck von Angst, auch von eigener Angst zu verstehen.

Leider gelingt uns die manipulative oder repressive Veränderung in allen unseren Lebensbezügen allzu oft und allzu leicht. So haben wir es häufig scheinbar nicht nötig, uns auf die der Symptomatik zugrundeliegenden Probleme einzulassen. Wir können unerwünschtes oder abweichendes Verhalten kurzfristig einfach »abstellen«, indem wir dieses Verhalten (zum Bespiel bei unseren Kindern oder bei unseren Patienten) direkt oder indirekt bestrafen oder das erwünschte Verhalten belonen. Der einfache Weg, störende Symptome durch Drohungen oder Versprechungen zu beseitigen, ist in der Erziehung, in der Psychotherapie und in der Politik oft so viel attraktiver als der beschwerliche und riskante Weg der Auflösung von Unbewußtheit und Macht. Deshalb dreht sich unsere große und kleine Politik auch so ausdauernd im Kreis, und deshalb bleibt auch manche Psychotherapie in dieser Kreisbewegung gefangen. Dann wird immer wieder versucht, ein Übel mit einem anderen zu beseitigen, anstatt grundsätzlich zu fragen: »Was ist hier eigentlich los?«

Im Vergleich dazu kommt die Aufklärung, nach Kant »der Ausgang des Menschen aus seiner selbstverschuldeten Unmündigkeit«[5], nur sehr langsam voran. Aber wenn man sieht, daß dieses langsame Vorankommen der individuellen und kollektiven Bewußtseinsveränderung der einzige wirkliche Fortschritt ist, dann kann man sich *auch* darüber, oder vielleicht *nur* darüber freuen.

7. Die Angst vor der Vergangenheit und die Unfähigkeit zu trauern

Die unvollständige »Bewältigung« unserer nationalsozialistischen Vergangenheit

Das Thema Faschismus und Drittes Reich drängt schon seit längerem an die Oberfläche unseres kollektiven Bewußtseins. Personen und Gruppierungen aus unserer Zeit werden mit Personen und Gruppierungen aus der damaligen Zeit verglichen: Gorbatschow wurde mit Goebbels verglichen, die CSU oder auch die Grünen mit der NSDAP usw. Man beschwört die Gefahr der Wiederkehr der damaligen Verhältnisse, und zwar in allen Lagern unserer politischen Landschaft. In fast allen offiziellen Stellungnahmen ist die Floskel enthalten, die Vergangenheit dürfe nicht *vergessen* werden. Und doch bestehen in den Auffassungen darüber, was mit Vergangenheitsbewältigung gemeint ist, große Unterschiede. Die einen wollen die Vergangenheit endlich zu den Akten legen, andere wollen sie »aufarbeiten« oder »bewältigen«. Gleichzeitig mit dem neuen Interesse an der »unbewältigten« Vergangenheit scheint sich eine Angst vor dieser Vergangenheit bzw. vor ihrer Wiederkehr auszubreiten.

Woran liegt das? Befinden wir uns in einer Epoche, in der wir uns endlich aufrichtig mit unserer nationalsozialistischen Vergangenheit auseinandersetzen können, da wir von den damaligen Ereignissen zeitlich weit genug entfernt sind? Oder droht das damals Verdrängte jetzt wiederzukehren, sind wir in Gefahr, zu wiederholen, was damals so viel Unglück brachte? Wiederholen wir vielleicht deshalb in unserem Bewußtsein und zum Teil auch in unserem Verhalten die Geschichte nach einem halben Jahrhundert, um jetzt eine neue Lösung der damals nur mit Gewalt lösbaren Konflikte zu finden?

Ich glaube, daß alle diese Fragen mit Ja zu beantworten, daß alle diese und noch viele andere Punkte als Ursachen unseres gegenwärtigen intensiven Interesses an der Vergangenheit zu verstehen sind. Aber was macht den Umgang mit der Vergangenheit so schwer?

Im Jahre 1967 versuchten die Psychoanalytiker Alexander und Margarete Mitscherlich Anworten auf die Frage zu finden, warum »bis heute die Epoche des Dritten Reiches ... nur unzulänglich kritisch durchdrungen wurde«[1]. Die Autoren schrieben damals: »Wir – als ein Kollektiv – verstehen uns in diesem Abschnitt unserer Geschichte nicht. So wir überhaupt darauf zurückkommen, verlieren wir uns vornehmlich in Ausflüchten und zeigen eine trügerische Naivität; de facto ist unser Verhalten von unbewußt wirksam gewordenen Verleugnungen bestimmt. Infolgedessen ist unser Selbstvertrauen unsicherer, als es sein könnte.«[2] Diese Sätze könnten wir heute, nach zwanzig Jahren, fast unverändert wiederholen, vielleicht mit dem Zusatz, daß anscheinend derzeit doch ein kollektiver Versuch unternommen wird, die Vergangenheit zu verstehen, wenngleich auch Versuche zu beobachten sind, die Vergangenheit »nun endlich endgültig loszuwerden«.

Das Ehepaar Mitscherlich verstand die geistige Unbeweglichkeit in der Bundesrepublik als Folge der fehlenden Trauerarbeit, die »beim einzelnen dessen seelische Entwicklung, seine zwischenmenschlichen Beziehungen und seine spontanen und schöpferischen Fähigkeiten behindert«[3]. Aber was verstehen Psychoanalytiker unter dieser Trauerarbeit, und was meinten die Autoren mit der seither so viel zitierten »Unfähigkeit zu trauern«?

Im Alltagsbewußtsein ist der Begriff Trauer mit der Vorstellung von Weinen verbunden, eventuell von langem oder zu langem »Nachtrauern« nach dem Verlust eines nahestehenden Menschen. Erst Freuds Begriff der »Trauerarbeit« machte deutlich, daß und weshalb Trauer und die Fähigkeit zu trauern für die psychische Gesundheit des einzelnen und der Gesellschaft nötig sind. Trauerarbeit ist Trennungsarbeit. Es geht um die Trennung von einem geliebten Objekt, also zum Beispiel von einem geliebten Menschen, aber auch um die Trennung von Wunschvorstellungen und Idealen, die sich als nicht realisierbar oder als Irrweg auf der Suche nach einem glücklichen Leben erwiesen haben.

Ob man sich in diesem psychischen Prozeß der Trauerarbeit von dem verlorenen Objekt innerlich trennen kann, hängt damit zusammen, welche Beziehung vorher zu ihm bestanden hat. Habe ich das Objekt um seiner selbst willen geliebt, mit seinen angenehmen und unangenehmen Seiten, dann bin ich nach dem Verlust fähig, »Trauerarbeit zu leisten«, das heißt, ich kann mich schrittweise von ihm trennen, indem ich die ganze, reale Person in meine die Liebe bewahrende Erinnerung aufnehme. Habe ich das Objekt jedoch idealisiert, also zum Zweck der Bestätigung des eigenen Selbstwertgefühls überhöht, dann lasse ich es bei Verlust oder Enttäuschung plötzlich fallen. Es wird sofort vergessen und eventuell verteufelt, die Erinnerung an die gemeinsame Geschichte wird möglichst aus dem Gedächtnis verdrängt, als ob eine solche Geschichte gar nicht stattgefunden hätte. Diese plötzliche Abwendung hat zur Folge, daß der mit dem Verlieren der idealisierten Person oder mit der Enttäuschung durch diese Person verbundene Verlust an Selbstwertgefühl möglichst schnell wieder ausgeglichen werden muß, und zwar durch eine neue Idealisierung.

Die Beziehung zwischen Volk und Führer im Dritten Reich beruhte weitgehend auf gegenseitiger Idealisierung. Schuld und Scham und alles Minderwertige und Schlechte wurden auf gemeinsame Außenfeinde projiziert, auf die Kommunisten, die Juden, die Zigeuner, die Kriegsgegner usw. Nach dem »Zusammenbruch« nicht nur des nationalsozialistischen Regimes, sondern auch dieser idealisierenden Beziehung drohte deshalb die Überschwemmung durch Schuld- und Schamgefühle. Was bisher von der »Vorsehung« oder von deren Vertreter, dem Führer, gewollt und deshalb richtig gewesen war, entpuppte sich als gemeines Verbrechen eines nicht mehr übermächtigen, sondern jetzt ohnmächtigen Gottes und seiner Gefolgschaft.

Nur wenige Menschen in unserem Volk hatten vorher eine andere Beziehung zur nationalsozialistischen Führung als die der Idealisierung oder der Verteufelung. (Die Verteufelung ist als Rückseite der Idealisierung nicht realistischer als die Idealisierung selbst.) Wegen der starken Spaltung im kollektiven Bewußtsein und in der Bevölkerung waren nur wenige Menschen schon vor dem Zusammenbruch fähig, sich selbst und ihre Mitmenschen in Regierung, Partei und in der übrigen Bevölkerung *realistisch* zu sehen, mit ihren »guten« *und* »bösen« Anteilen. Diesen Menschen fiel es nach dem Zusammenbruch leichter, Trauerarbeit zu leisten, sich zur eigenen Anfälligkeit für individuelle und kollektive Größenphantasien zu bekennen. Sie konnten das Bewußtsein dieser ihrer Schwäche und die damit verbundenen Schuld- und Schamgefühle leichter aushalten und so die eigene psychische und damit ein wenig auch die gesellschaftliche Struktur verändern, indem sie den »Zusammenbruch« auf diese Weise »nutzten«.

Die unterschiedliche Fähigkeit zu trauern bei Menschen, die der Spaltung (Idealisierung und Verteufelung) erlegen waren, und bei anderen, die in ihrem Bewußtsein weniger gespalten hatten, zeigte sich im Umgang mit dem »Absturz«. Man kann mit einem Absturz aus großer Höhe prinzipiell auf zweierlei Weise umgehen: Man kann sagen: Ich bin gar nicht (mit)geflogen und auch nicht (mit)abgestürzt, von beidem habe ich jedenfalls nichts gespürt. Die Folge wird die sofortige Wiederholung von Höhenflug und Absturz sein. Oder man kann sagen: Ich sehe nun, daß ich mich zusammen mit anderen in sehr gefährlicher Höhe befunden habe, ohne die Gefahr wahrzunehmen. Der Absturz hat sehr weh getan, aber ich bin jetzt froh darüber, weil ich so die Chance habe, nicht wieder oder weniger in solche Gefahr zu geraten. Gefährlich war schon der Höhenflug, nicht erst der Absturz. Diese zweite Lösung entspricht nach psychoanalytischem Verständnis einer gelingenden Trauerarbeit. Sie öffnet die Augen für vergangene und gegenwärtige Realität und erweitert das Bewußtsein für die Gefahren des Höhenflugs.

Es geht also bei der Fähigkeit zu trauern nicht nur – allerdings auch – um die Fähigkeit, traurig sein zu können oder weinen zu können. Entscheidend für den Vorgang der Trauerarbeit ist, daß aus der Trauer und dem Weinen die Fähigkeit entsteht, Vergangenheit und Gegenwart realistisch wahrzunehmen. Und zur realistischen bzw. vollständigen Wahrnehmung von Vergangenheit und Gegenwart gehört wesentlich das Bewußtsein der eigenen Beteiligung an vergangenen Irrwegen und Verbrechen, sei es in aktiver Form, sei es in Form passiven Mitläufertums.

Nach Alexander und Margarete Mitscherlich beruht die Angst vor der vollständigen Wahrnehmung der Vergangenheit vor allem auf der Angst vor Scham- und Schuldgefühlen. Die Scham stammt aus der narzißtischen Kränkung, daß der versuchte Höhenflug mit einem Absturz endete, daß sich das übersteigerte Selbstwertgefühl als Illusion entpuppte. Die Schuldgefühle stammen aus der Erkenntnis, daß das, was vorher gut und richtig zu sein schien, jetzt als falsch und verbrecherisch erkannt wird. Beide Gefühle, das der Scham und das der Schuld, behindern die Wiederholung des Höhenfluges, weshalb sie in der Zeit des Wiederaufstiegs der Bundesrepublik Deutschland zu nationaler (Über-)Größe möglichst vermieden und verdrängt wurden.

Die Lähmung durch Scham- und Schuldgefühle braucht aber nur der zu fürchten, der meint, er könne sein Selbstwertgefühl nur durch die Wiederholung des Höhenfluges reparieren. Wer den Weg der Trauerarbeit geht, wer die Veränderung und neue Formen der Sicherheit im zwischenmenschlichen Kontakt sucht, für den ist das Zulassen von Scham- und Schuldgefühlen eine Erlösung. Wer nicht wieder fliegen will, ist froh, durch diese Gefühle am Boden festgehalten zu werden und so die Chance zu haben, erste Schritte einer menschlichen, den Menschen angemessenen Fortbewegung zu versuchen.

Neben der Angst vor der Lähmung, vor Scham- und vor Schuldgefühlen sehe ich auch die *Angst vor der Wiederholung* als wesentliches Element der Angst vor der Vergangenheit. Da sich im Bewußtsein eines Menschen, der »das Fliegen nicht lassen kann«, die »innere Szene«, die Vorstellung von der unausweichlichen Gewalt im Zusammenleben zwischen den Menschen in der Reaktion auf den Absturz nicht verändert hat, muß er immer fürchten, bei einer zu erwartenden Wiederholung der »Machtergreifung« der einen über die anderen selbst zu den Unterlegenen zu gehören. Er muß sich also ständig »in der Luft halten«, in seiner Phantasie bedroht von den Rächern für vergangenes und unverarbeitetes Unrecht. Die Gleichsetzung der Grünen oder auch der Friedensbewegung mit den Horden der SA durch die Propaganda vor allem der CSU hat meiner Ansicht nach nicht nur den Zweck, diese Bewegung zu verteufeln und dadurch politisch klein zu halten. Sie entspricht wohl auch einer Angstphantasie der »Väter«, nur durch gewalttätige »Söhne« abgelöst werden zu können. Ein Miteinander scheint nicht möglich zu sein, da die Vergeltung – wegen vermiedener Trauerarbeit – in der Phantasie immer noch aussteht. Allerdings sind solche Phantasien in *beiden* sich bekämpfenden Lagern weit verbreitet.

Wie wir versuchen, die Angst zu bewältigen

Wenn die Trauerarbeit vermieden wird, dann dient dies also zur Vermeidung der Angst vor Scham- und Schuldgefühlen, aber auch zur Vermeidung der Angst vor der Wiederholung der damaligen Szenen, vor der Rache der Opfer und davor, das hilflose Entsetzen angesichts der hemmungslosen Grausamkeit von »Herrenmenschen« erleben zu müssen. Verschiedene Mechanismen halfen und helfen, diese Ängste nicht wahrzunehmen.

Schon bald nach dem sogenannten »Zusammenbruch« breitete sich die Phantasie aus, daß das Geschehene eigentlich gar nicht stattgefunden habe. Es habe keine Massenmorde an den Juden gegeben, der Krieg sei den Deutschen nur aufgezwungen worden, zumindest Hitler, mit dem man sich identifizierte, habe ihn nicht gewollt und auch sonst von den eventuellen Verbrechen im nationalsozialistischen Staat nichts gewußt. Diese Verleugnung diente zugleich der Vermeidung von Scham und Schuld, denn wo kein »Höhenflug« war, war auch kein »Absturz«. Auch die Folgen des Höhenflugs sollten nicht existieren: Die durch die Teilung Deutschlands entstandene Grenze zwischen den beiden deutschen Teilstaaten wurde ignoriert. Als wäre nichts geschehen, erhob die Regierung der Bundesrepublik Deutschland den Alleinvertretungsanspruch für Bürger, von denen sie gar nicht gewählt worden war. Die Nicht-Wahrnehmung des politischen Geschehens bei vielen Deutschen führte zur politischen Apathie. Die Aufmerksamkeit der Bevölkerung richtete sich fast ausschließlich auf die Möglichkeiten und Notwendigkeiten des Wiederaufbaus, der »Zusammenbruch« des alten Systems verwandelte sich in eine »Befreiung zum Konsum«.

Eine andere Möglichkeit, das eigene Bewußtsein vom Geschehenen zu entlasten und die Angst vor Bestrafung zu verdrängen, bestand und besteht in der Projektion des Bösen auf andere. Dies geschah und geschieht individuell und kollektiv. Der individuellen Schuld und Scham kann man entgehen, indem man sich und anderen versichert: »*Ich* war nicht dabei, *wir* waren das nicht. Ich bin erst später geboren, ich kann also keine Schuld tragen.« Oder: »Eine böse Minderheit hat damals die gute Mehrheit überwältigt und gezwungen mitzumachen.« Die kollektive Schuld und Scham wird verdrängt durch die Behauptung, daß der Krieg eigentlich von den Russen angefangen wurde oder daß sich Deutschland durch den Zweiten Weltkrieg von den beschämenden Folgen der Niederlage von 1918 notgedrungen befreien mußte, daß also die Ursache und damit die Schuld für den Zweiten Weltkrieg bei den Siegermächten des Ersten Weltkriegs lag.

Die Massenmorde Stalins und die Vertreibung der Deutschen aus den Ostgebieten werden aufgerechnet gegen die Greueltaten, die von Deutschen oder wie es verharmlosend heißt: »in deutschem Namen« begangen wurden. So konnten und können die deutschen Kriegstoten nicht wirklich betrauert werden; sie wurden und werden zur Aufrechnung gebraucht. Würden wir sie wirklich betrauern, dann müßten wir in gleichem Maße auch alle anderen Toten dieser Zeit in *allen* Lagern betrauern, und jeder Gedanke an Rache oder Wiederherstellung nationaler Größe würde sich auflösen. Schon während des Dritten Reiches hätte eine echte Trauer über die vielen Toten innerhalb und außerhalb des deutschen Volkes zur Verhinderung weiterer Qualen und weiterer Opfer geführt. Das Erleben von Schmerzen führt dazu, in Zukunft Situationen zu vermeiden, in denen wieder Schmerzen zugefügt oder erlitten werden. Nur wenn der Schmerz und das schmerzende Ereignis *verleugnet* werden, kann man fortfahren, sich selbst und anderen Schmerzen zuzufügen.

Im Kampf um die Schuld haben sich zwei Lager gebildet: Die einen beschwören ununterbrochen die Schuld und manchmal sogar die eigene Beteiligung an der Schuld, während die anderen die »gesellschaftliche Dauerbüßeraufgabe« ablehnen. Um diesen Kampf besser zu verstehen, halte ich es für wichtig, zwischen Schuld und Beschuldigung zu unterscheiden. Der Begriff Schuld bezeichnet die Tatsache, *daß* man etwas getan hat. Die Beschuldigung ist ein zweiter Vorgang, der zunächst einmal getrennt von der Schuld selbst zu betrachten ist. Dieser zweite Vorgang, die Beschuldigung, besteht in einem Vorwurf, in moralischer Entrüstung, in Entwertung, Ausstoßung und so weiter. Die Beschuldigung ist der (unabdingbare) Vorläufer der Bestrafung. Aber sie ist nicht die notwendige Folge von Schuld. Es gibt viel Schuld, auf die keine Beschuldigung folgt, und umgekehrt gibt es häufig Beschuldigung, wo keine Schuld ist. Die Ursachen der Beschuldigung liegen nicht nur in der Schuld, also in der Tatsache, *daß* der Beschuldigte die betreffende Tat ausgeführt hat. Ob eine Beschuldigung ausgesprochen wird oder nicht, hängt auch und vor allem damit zusammen, daß der Beschuldiger es aus persönlichen Gründen nötig hat, einen »Angeklagten« zu beschuldigen. Die Beschuldigung hängt also auch von der Beziehung zwischen dem Beschuldiger und dem Beschuldigten *zur Zeit der Beschuldigung* ab.

Leider wird auch in der Psychoanalyse oft nicht zwischen Schuld, Schuldgefühl und Beschuldigung unterschieden. In Gesprächen, die von psychoanalytischem Denken beeinflußt sind, hat man oft den Eindruck, Schuldgefühle seien an sich etwas Neurotisches, etwas, das man eigentlich nicht zu haben brauche. Mit den auf diese Weise für unrealistisch erklärten Schuldgefühlen verschwindet dann oft auch die Schuld. Es sieht so aus, als hätte niemals jemand Schuld, da ja jedes Verhalten aus der Geschichte der jeweiligen Person und aus der Situation, in der sie sich befand, erklärbar ist. So entsteht der Eindruck, Psychoanalyse sei ein großes Unternehmen zur Ent-Schuldung oder Entschuldigung von Verbrechern jeder Art.

Da dies meiner Ansicht nach ein schwerwiegendes Mißverständnis von Psychoanalyse ist, möchte ich den Begriff »Schuldgefühle« hier noch einmal klarstellen. Er hat grundsätzlich zwei Bedeutungen, die zumeist miteinander vermischt werden. Nach der ersten, der häufigsten Bedeutung sind Schuldgefühle *Selbstbeschuldigungen*, die wohl auch deswegen als »neurotisch« im Sinne von »eigentlich überflüssig« angesehen werden, weil von einem Menschen, der sich selbst beschuldigt, die Aufforderung ausgeht, ihn zu entschuldigen, gegen seine Selbstbeschuldigung vorzugehen. Um diesem mehr oder weniger unbewußten Zwang nicht ausgeliefert zu sein, tendiert man dazu, die Selbstbeschuldigung bzw. die Schuldgefühle als neurotisch anzusehen. Das macht eine innere Distanzierung möglich, hebt aber den Kampf um Schuld oder Nicht-Schuld nicht auf. Dieser Kampf ist zumeist ein Scheingefecht, bei dem es eigentlich um Gut und Böse, um Wert und Unwert der sich beschuldigenden oder entschuldigenden Personen geht. Mit der Schuld selbst hat dieser Kampf, wie gesagt, nur indirekt zu tun.

Die zweite Bedeutung des Begriffes Schuldgefühl, die aber seltener eindeutig gemeint ist, betrifft *das Gefühl und das Wissen, schuldig geworden zu sein*, etwas getan zu haben, was man nachträglich nicht getan haben möchte. Dieses Gefühl der Schuld kann mit Trauer und Schmerz einhergehen, mit

Trauer und Schmerz darüber, daß man erkennt, an unmenschlichen Beziehungsformen aktiv oder passiv beteiligt gewesen zu sein. Hier handelt es sich um eine schmerzliche Verarbeitung des Geschehenen, die zur Veränderung der gegenwärtigen Beziehungen führt.

Im Kampf um die Schuld geht es aber beiden Seiten nicht um das schmerzvolle Wiedererleben der Vergangenheit. Hier geht es um Beschuldigung, um die Zuweisung von Schuld als etwas Bösem. Dieses Böse wird entweder wegargumentiert oder ausschließlich beim jeweils anderen festgestellt, oder auch in Selbstanklagen der eigenen Person oder dem eigenen Volk zugeschrieben. Aber weder Schuldbekenntnisse dieser Art noch Schuldzuschreibungen an andere machen verständlich und wiedererlebbar, was damals geschah. Die wirklichen Gefühle der damaligen Zeit sind hinter Schuldzuschreibungen und Rechtfertigungen verborgen. Sie zu entdecken oder wiederzuentdecken bedeutet nicht, die Schuld, also die Realität des damaligen Geschehens zu verleugnen, sondern den Zugang, vor allem den emotionalen Zugang, zur Realität der Geschichte zu finden.

Jede Psychoanalyse ist ein Stück Vergangenheitsbewältigung in diesem Sinn. Der Weg beginnt mit mehr oder weniger starken Schuldzuschreibungen an vergangene und gegenwärtige Bezugspersonen oder auch mit Selbstbeschuldigungen, die die Umkehrung von Schuldzuschreibungen an andere sind. In diesem Anfangsstadium stabilisiert sich der »Patient« durch Feindbilder. Er glaubt zu wissen, wer schuld war, wer gut und böse, wer Opfer und Täter ist. Und dieses »Wissen«, diese Art der »Vergangenheitsbewältigung« genügt ihm zunächst. Zwar leidet er an den ständigen Wiederholungen, aber er sieht nicht, daß diese unbewußten Wiederholungen auch damit zu tun haben, daß er krampfhaft versucht, die früher erlebten Szenen zu vermeiden. Er hat eine sehr verständliche Angst davor, daß noch einmal dasselbe geschehen könnte wie damals und daß er (noch einmal oder diesmal) zum Opfer zwischenmenschlicher Gewalt werden könnte. Sobald ihm die damaligen Szenen in der Erinnerung aufsteigen, versucht er sich unbewußt davor zu retten, in die Position des Ausgelieferten zu kommen. Und dieser Rettungsversuch besteht in den meisten Fällen darin, daß man Opfer und Täter benennt, daß man die »Täter« verdammt und die Opfer bedauert oder für »gut« erklärt. Dieses psychische »Zu-Gericht-Sitzen« erspart uns das Wiedererleben des Grauens, das Erleben der Angst und der Schmerzen dessen, der der Gewalt des anderen ausgeliefert ist.

Im Laufe der Analyse füllt sich allmählich dieses Schwarz-Weiß-Gemälde der Verurteilungen und Entschuldigungen mit Farben. Der »Patient« versucht erstmals, in Begleitung des Analytikers und in der Beziehung zu ihm, die Vergangenheit wiederzuerleben und diesmal die begleitenden Gefühle nicht durch Schuldzuschreibungen zu unterdrücken. Dieses Wiedererleben der damaligen Szenen macht es möglich, in Trauer und Schmerz ein Gefühl dafür zu entwickeln, daß diese Szenen Wirklichkeit waren. Entsprechend klarer kann die heutige Wirklichkeit wahrgenommen werden, und entsprechend weniger müssen heute die Gefühle von Trauer und Schmerz durch Beschuldigungen vermieden werden. In der Wiederholung kommen auch voneinander abgespaltene Gefühle wieder zusammen: Enttäuschung und Wut verbinden sich wieder mit Liebe und Hoffnung. So wird die Vergangenheit zu einem wichtigen Teil der Persönlichkeit, *wie auch immer sie war*.

Diese Art der Vergangenheitsbewältigung unterscheidet sich grundlegend von der juristischen. Das juristische Raster zur Wiedergabe von Vergangenheit kennt nur Schwarz oder Weiß, Schuld oder Unschuld. Schuld wird festgestellt, wenn jemand eine vom Strafgesetzbuch erfaßte Tat wirklich begangen hat. In Ausnahmefällen kann er vom Schuldspruch dadurch befreit werden, daß man ihm zugute hält, er habe nur reagiert, auf eine Bedrohung oder auf grausame Behandlung in seiner persönlichen Vorgeschichte. Ein weiterer Grund für »mildernde Umstände« ist die Zuerkennung von Unzurechnungsfähigkeit für die Tat wegen einer psychischen Erkrankung. Dieses juristische Raster ist Ausdruck des »Volksempfindens« und spiegelt den Umgang eines Volkes mit seinen »Schuldigen« wieder. In jedem Fall ist die juristische Lösung eines Konflikts eine Notlösung, die nur dann gebraucht wird, wenn die Beteiligten ihren Konflikt nicht persönlich und emotional lösen können.

Die juristische Aufarbeitung der Zeit des Nationalsozialismus entsprach unserem Bedürfnis nach Rückkehr zur »Ordnung«. Vorwiegend unter dem Druck der Siegermächte wurde versucht, die Schuldigen festzustellen und die bis dahin zum Teil verborgenen Massenverbrechen aufzuklären. Die Wiederaufrichtung von Recht und Ordnung und die Bestrafung *der anderen* dienten für viele Deutsche zur Entlastung des eigenen Gewissens. Daß im deutschen Volk selbst kaum ein Bedürfnis bestand und besteht, sich wirklich mit dem Geschehenen zu befassen und sich über die Fragen von Schuld und Sühne auseinanderzusetzen, zeigt die Tatsache, daß kein einziger Richter oder Staatsanwalt des Volksgerichtshofs verurteilt wurde und daß viele Urteile der damaligen Justiz bisher immer noch nicht revidiert wurden. Wo immer es möglich war, ließ man das Geschehene geschehen sein und beschäftigte sich mit dem (scheinbar) Neuen.

Der große »Schlußstrich« sollte und soll die Erlösung aus dem »Schatten Hitlers« und seiner Verbrechen bringen. Wir versuchen »zur Normalität zurückzukehren«, wobei die Normalität in Freiheit von Schuld zu bestehen scheint: »Normalerweise« sind wir anscheinend nicht schuldig. Um dieses Unschuldsbewußtsein herzustellen, werden die Versuche der (finanziellen) Wiedergutmachung, die Verjährung und ein Anspruch auf Absolution angeführt. Ein neues »bereinigtes« Geschichtsbewußtsein wird beschworen, das die Nation und ihre Aufbauleistung nach dem Krieg verherrlicht. Dabei wird vergessen, daß es gefährlich ist, *gegen* die eigene Vergangenheit zu leben, weil dies nur ein Leben gegen mich selbst sein kann.

Es ist wohl kein Zufall, daß die nationalsozialistische Vergangenheit gerade jetzt wieder auftaucht, nach vierzig Jahren relativer Ruhe und Gleichgültigkeit und in einer Zeit, in der es wieder um einen Untergang geht, diesmal aber um den möglichen oder wahrscheinlichen Untergang unserer Industriegesellschaft. Ich halte es auch für einen Ausdruck gesellschaftlicher Selbstheilungstendenzen, wenn wir jetzt beginnen, uns mit unserer Vergangenheit auseinanderzusetzen. Eine ernsthafte Auseinandersetzung mit der Vergangenheit bedeutet immer auch den Versuch, *mit* der Vergangenheit zu leben, und sie bietet die Chance zu verstehen, welche kollektiven Mechanismen damals und heute in den Untergang führten und führen.

Psychoanalytische Perspektiven des »Historiker-Streits«

Als einen solchen Versuch verstehe ich auch den sogenannten Historiker-Streit, der seit der Mitte des Jahres 1986 die Bundesrepublik bewegt[4]. Dabei ging und geht es im wesentlichen um die Frage, ob die Verbrechen des Nationalsozialismus aus heutiger Perspektive als ein einzigartiges Geschehen zu beurteilen oder ob solche Verbrechen mehrmals in der Geschichte geschehen seien, diesmal eben bei uns, und ob man jetzt darangehen könne, dieses Geschehen »historisch« einzuordnen. Leider wurden in diesem Streit der Historiker psychoanalytische Erkenntnisse über Vergangenheitsbewältigung und Trauerarbeit fast gar nicht berücksichtigt. Die streitenden Lager standen und stehen sich wohl auch deshalb in unversöhnlicher Spaltung gegenüber.

Der Streit hätte eigentlich schon viel früher beginnen können, denn der Historiker Ernst Nolte, auf den sich die Kontroverse im Jahre 1986 hauptsächlich bezog, hatte schon 1980 unter dem Titel »Die negative Lebendigkeit des Dritten Reiches. Eine Frage aus dem Blickwinkel des Jahres 1980« die These vertreten, daß das Dritte Reich noch sehr lebendig sei, und zwar in negativer Form. Jedermann, insbesondere prominente Politiker, müßte sich hüten, in Zusammenhang mit den damaligen Tätern gebracht zu werden oder die damaligen Verbrechen zu verharmlosen. Die Auseinandersetzung mit dem Dritten Reich geschehe immer noch fast ausschließlich im Stil einer »Katastrophen- und Anklageliteratur«. Das stelle, so Nolte, eine »große, ja eine lebensbedrohende Gefahr (dar). Eine permanente negative oder positive Lebendigkeit hat nämlich notwendigerweise den Charakter des Mythos als der potenzierten Form der Legende; und zwar gerade weil sie zur gründenden oder stützenden Staatsideologie werden kann.«[5]

Den Versuch der »Historisierung« des Nationalsozialismus griff Nolte im Juni 1986 unter dem Titel »Vergangenheit, die nicht vergehen will«[6] wieder auf. Er versuchte jetzt, das »Vergehen« der Vergangenheit zu erleichtern, indem er sich bemühte, die »Komplexität« jener Epoche erkennbar werden zu lassen. Auf diese Weise wollte er, wie er schrieb, ein »objektiveres« Bild dieses Zeitabschnitts zeichnen. Die komplexeren Zusammenhänge, die er zu diesem Zweck aufzeigte, waren die dem Völkermord an den Juden vorausgegangenen Völker- und Klassenmorde in Asien, insbesondere der Archipel GULag in der Sowjetunion, und führten zu der Überlegung, ob beides vielleicht etwas miteinander zu tun gehabt habe. Er schrieb: »Vollbrachten die Nationalsozialisten, vollbrachte Hitler eine ›asiatische‹ Tat vielleicht nur deshalb, weil sie sich und ihresgleichen als potentielle oder wirkliche Opfer einer ›asiatischen‹ Tat betrachteten? War nicht der ›Archipel GULag‹ ursprünglicher als Auschwitz? War nicht der ›Klassenmord‹ der Bolschewiki das logische und faktische Prius des ›Rassenmords‹ der Nationalsozialisten?«[7]

Jürgen Habermas griff diesen Versuch der »Historisierung« des Nationalsozialismus am 11. Juli 1986 auf[8] und verurteilte die »apologetischen Tendenzen in der deutschen Geschichtsschreibung«, die er bei Ernst Nolte und bei anderen deutschen Historikern sah. Er kritisierte, daß die Geschichtsschreibung sich in den Dienst der »Wiederbelebung des Nationalbewußtseins« stelle, wozu die Verharmlosung der nationalsozialistischen Verbrechen beitrage und auch die Interpretation dieses einzigartigen Geschehens als Reaktion auf bolschewistische Vernichtungsdrohungen. Habermas stellte fest, daß auf diese Weise das Feindbild Sowjetunion, von dem die heutige Bundesrepublik immer noch lebe, verfestigt würde.

Ich will und kann hier diesen Streit der Historiker nicht ausführlich wiedergeben. Mir geht es darum zu zeigen, daß in dieser – übrigens ausschließlich von Männern »bestrittenen« – Auseinandersetzung wesentliche Erkenntnisse der Psychoanalyse ausgeblendet wurden und damit gleichzeitig die »Farben« verlorengingen, die Gefühle, die in der Vergangenheit wirksam waren und die heute noch – gerade auch in diesem Streit – wirksam sind. Die vielfältigen Argumentationen lassen mehr oder weniger bei allen Beteiligten den Wunsch erkennen, durch »Historisierung« aus den Beschuldigungen und Entschuldigungen herauszufinden. Allerdings bestehen Unterschiede in der Auffassung darüber, was mit Historisierung gemeint sein könnte. Die einen möchten, wie Ernst Nolte, die Vergangenheit endlich »vergehen« lassen, indem sie Zusammenhänge zwischen verschiedenen Vernichtungsaktionen herstellen. Die Gegner einer solchen »Zusammenhangstheorie« kritisieren diesen Versuch als unzulässige Entschuldigung durch Aufrechnung von Gewalt und Gegengewalt. Sie möchten die Tatsache der Schuld nicht auf diese Weise untergehen lassen.

Letztlich ging es nach meiner Beobachtung in diesem Streit um das Verständnis von Geschichtswissenschaft und Wissenschaft überhaupt. Es ging um die Frage, ob Wissenschaftlichkeit darin besteht, daß das beobachtete Geschehen *emotionslos eingeordnet* wird, oder ob Wissenschaftlichkeit auch und gerade darin besteht, daß der Wissenschaftler und mit ihm die Laien emotionalen Anteil an dem beobachteten Geschehen und an der Beobachtung selbst nehmen. Das Problem *beider* Seiten in diesem Streit bestand für mein Empfinden darin, daß sie Beschuldigung und emotionale Beteiligung gleichsetzten, wobei die eine Seite beides beenden, die andere Seite beides erhalten wollte.

Aus dem Blickwinkel der Psychoanalyse geht es auch bei der »Historisierung« darum, Schuld oder Schuldgefühle im Sinne von Trauer und Schmerz einerseits vom Kampf um die Schuld andererseits zu trennen, der sich in Form von Be- und Entschuldigung immer weiter fortsetzt. Dieser Kampf wird, wie gesagt, durch die Angst vor dem Erleben von Scham und Schuld, aber auch durch die Angst vor der Wiederholung aufrechterhalten. Solange man den wissenschaftlichen oder ideologischen Gegner bekämpfen kann, braucht man sich nicht auf die verdrängten Gefühle einzulassen und von diesen zu sprechen.

Aber gerade die Unterscheidung zwischen trauernder Erinnerung und »Bewältigung« durch Anklage oder Verteidigung ist so schwer. Wenn wir uns die Berichte aus den Konzentrationslagern, aus der Kriegs- und Nachkriegszeit direkt vor Augen führen und dem Nach- und Miterleben keine rationalisierenden Schranken setzen, dann überfällt uns so große Angst, daß wir immer wieder geneigt sind, diese Angst durch Beschuldigung, Empörung und Distanzierung wegzuschieben. So werden Entsetzen und Trauer immer wieder mit Verurteilung vermischt und durch Verurteilung verdrängt. Zumeist gelingt diese »juristische« Bewältigung so selbstverständlich und perfekt, daß von Entsetzen und Trauer keine Spur mehr zu sehen ist.

Emotionale Auseinandersetzung bedeutet Berührung, Berührung mit Tätern und Opfern. Aber wir sprechen lieber nicht über die Vergangenheit, es könnte ja sein, daß der Gesprächspartner ein Nachkomme von Tätern oder von Opfern ist. Und dann könnte die Berührung vielleicht gefährlich und ängstigend werden. So bleibt die Trennung zwischen Tätern und Opfern erhalten, eine Trennung, die schon damals – und jetzt wieder – die Grausamkeiten überhaupt möglich machte. Wo Täter und Opfer sich nicht berühren, sich nicht berühren lassen, erhalten sie die Kluft aufrecht, die zur Destruktion führt.

Die emotionale Auseinandersetzung mit der Vergangenheit hat aber auch unausweichlich die emotionale Auseinandersetzung mit der Gegenwart und mit den Wiederholungen der Vergangenheit in der Gegenwart zur Folge. Dies scheint mir ein weiterer Grund für die Vermeidung dieser Auseinandersetzung zu sein. Wenn wir uns auf die Schrecken der Geschichte einließen, dann müßten wir auch die Schrecken der Gegenwart erkennen. Wir könnten nicht mehr davon ausgehen, daß das alles »vorbei« ist. Wir müßten sehen, daß die Vernichtung von Leben und Menschen immer noch und immer wieder geplant wird und geschieht. Wir müßten erkennen, daß die Täter unter uns sind, und zwar nicht nur in Gestalt von ehemaligen Mitgliedern der SS oder der SA. Wir alle sind Täter und Opfer zugleich in der Vernichtung von Leben und Überlebensmöglichkeit für uns und unsere Kinder.

Der Versuch der »Historisierung« hat also nur eine Chance, wenn darunter die Wiederbelebung der damals durch Gewalt unterdrückten oder durch Gewalt »gelösten« Konflikte verstanden wird. Wenn wir diese Konflikte auf neue Weise durchstehen und dabei unsere Menschlichkeit wiederfinden, haben wir eine Chance, heute die Gewalt unter den Menschen und zwischen den Menschen und der Natur zu verringern. Die »Versachlichung« der Argumente alleine genügt dazu nicht, im Gegenteil. Viele Menschen haben ihre Väter im Krieg verloren. Sie wagen es nicht, diesen Verlust wirklich zu betrauern. Der Schmerz wäre zu groß. So bleiben sie innerlich distanziert, und die Folge ist, daß sie in ihrem Bewußtsein keinen Vater haben, nie einen Vater hatten. Sie arrangieren sich, aber sie arrangieren auch zumeist die Wiederholung der Vaterlosigkeit. Frauen glauben, ihre Kinder ohne die Väter der Kinder versorgen zu können und zu müssen. Männer erleben sich weiterhin als nur zuständig für den »Krieg«, nicht als Partner und Väter in der Familie. Der Zerfall der mitmenschlichen Beziehungen und die Vorstellung, daß man sich mit Gewalt im privaten wie im öffentlichen Leben abfinden kann und muß, setzen sich fort. Die Anklage gegen die Eltern bleibt so lange bestehen, wie man nicht sehen kann, daß man selbst das wiederholt, was die Eltern getan haben. Und umgekehrt wird die Vergangenheit so lange wiederholt, wie man nicht von der Anklage zum Wiedererleben der Schmerzen und der Trauer übergehen kann.

Beim Studium der Texte zum Historiker-Streit, an dem sich auch Philosophen und Soziologen beteiligten, begegnete ich der Phantasie, daß derjenige schuldig im Sinne von böse ist, der ein *einmaliges*, ein *einzigartiges* Verbrechen begangen hat. Man streitet um die Einzigartigkeit der nationalsozialistischen Verbrechen, so als müßten diese Greueltaten und vor allem auch die im Krieg verübten Taten dann nicht als

Verbrechen angesehen werden, wenn sie nicht einzigartig oder wenn sie eben »ganz normal« im Krieg geschehen wären. Wer tut, was andere auch tun oder getan haben, ist »normal«. Wenn dazu noch festgestellt werden kann, daß er nur reagiert hat, also in Notwehr gehandelt hat, dann ist er endgültig entschuldigt – ganz im Sinne der auch jetzt wieder geplanten »Vorwärtsverteidigung«.

Ich glaube, daß dieser Streit zumindest partiell auch davon ablenkt, worum es derzeit »im Untergrund« geht, nämlich um die *Erkrankung unserer Gesellschaft damals und heute*. Der Begriff der Erkrankung hat für mich weder etwas mit Beschuldigung noch mit Entschuldigung zu tun. Eine psychische Erkrankung besteht immer auch in zerstörter Mitmenschlichkeit, und das ist etwas sehr Schmerzliches, oft auch etwas sehr Erschreckendes. Wenn man psychische Erkrankung beim Individuum und im Kollektiv nicht nur fachlich diagnostiziert, sondern sich auf die darin enthaltenen Gefühle und Gefahren, auf die Not und die Lebenswünsche einläßt, dann hört man auf, den Kranken zu beschuldigen. Statt dessen beginnt man, sich ängstlich zu fragen, ob man das, was in dieser Erkrankung an Gewalt und Destruktivität zu erkennen ist, nicht auch selbst tun könnte oder sogar tut.

Wiederholt wird, was nicht verstanden wurde

Die beschriebenen Mechanismen dienen also der Abwehr gegen die Angst vor der Wiederholung und vor dem Wiedererleben des Grauens. Wir hoffen, daß sich die in der Geschichte erlebten Schrecken nicht wiederholen, wenn wir einen Schlußstrich ziehen, wenn wir die Schuldigen benennen oder wenn wir aufhören, die Schuld auf uns zu nehmen. Aber die Geschichte wiederholt sich gerade in den Teilen, die wir nicht *verstanden* haben. Eine künstliche »Beendigung« von beschämenden oder ängstigenden Ereignissen in unserem Bewußtsein rettet uns nicht davor, gerade diejenigen Verhaltensweisen zu wiederholen, die wir am meisten fürchten.

Auch moralische Proklamationen oder gar die beim Zusammenbruch des »Dritten Reiches« erlittenen »Schläge« genügten nicht für eine grundsätzliche Veränderung. Größenphantasien, Rücksichtslosigkeit und Unmenschlichkeit kehrten zurück, sobald es die »Atmosphäre« wieder zuließ. Die allgemeine Meinung, daß »so etwas nie wieder geschehen darf«, änderte nichts an der unausweichlichen Wiederkehr nicht betrauerter Ereignisse.

Der Zwang zur Wiederholung wird von Generation zu Generation weitergegeben, und dies in dem Maße, in dem die Eltern nicht verstehen, weshalb sie das taten, was sie taten, und in dem die Kinder die Eltern nicht so sehen, wie sie sind, sondern so, wie sie aus ihrer Sicht sein sollen oder wie sie nicht sein sollen. Die unvollständige Abgrenzung der Generationen voneinander, die sich in der Idealisierung und Verteufelung der Eltern durch die Kinder ausdrückt, behindert bei den Kindern das Verständnis für ihre eigenen Tendenzen, genau das zu tun, was sie bei ihren Eltern verteufeln oder idealisieren. Wer seine Eltern nicht realistisch sehen und lieben kann, kann auch sich selbst nicht realistisch sehen und lieben. Er gibt blind die Gewalt, die er von seinen Eltern erfahren hat, an seine Kinder weiter, auch wenn er sich bemüht, genau das nicht zu tun.

Die Geschichte wiederholt sich allerdings nicht wörtlich. Die Gewalt der Eltern erscheint bei den Kindern zumeist in einem anderen Gewand. Doch blieben einige ideologische Grundsätze über den »Zusammenbruch« hinaus fast unverändert erhalten und entfalten sich gerade jetzt wieder zu allgemeiner Wirksamkeit und Bedeutung: Leistung soll sich wieder lohnen, Pflichterfüllung, Opferbereitschaft und Gemeinsinn sind Schlagworte der Wahlkämpfe damals wie heute. Man weiß wieder, was richtig und falsch ist, wo oben und wo unten ist. Pünktlichkeit und Zuverlässigkeit scheinen für die perfekte Bewältigung aller Aufgaben zu genügen. Die innere Sicherheit und Ordnung soll durch eine Verstärkung der Polizei und die Erweiterung der Fahndungsbefugnisse garantiert werden, die äußere Sicherheit durch Auf- und Wettrüsten. Der wirtschaftliche Erfolg scheint die noch immer vorhandene Phantasie vom auserwählten Volk zu bestätigen. Die Beschäftigung mit der Vergangenheit verstehen viele Mitbürger als Ausdruck einer neurotischen Sucht zur Selbstbeschuldigung, nicht als Chance zur Veränderung.

Auch die antidepressiv wirkenden Ideologien und Verhaltensweisen aus der Zeit des »Dritten Reiches« sind immer noch oder wieder neu zu erkennen: Wie zu Beginn der dreißiger Jahre haben wir die Phantasie, nach der erlittenen Niederlage »wieder wer zu sein«. In der narzißtischen Größenphantasie wird die Angst unterdrückt, die latent unter allem oder über allem liegt, die Angst vor dem Atomkrieg, vor dem Sterben der Umwelt, vor der Kernenergie, vor der Arbeitslosigkeit. Man ist wieder optimistisch, das gilt als gesund. Je größer die Angst und die Gefahren, desto größer der öffentlich vorgetragene Optimismus. Das alles ist Wiederholung, vor der wir uns eigentlich immer gefürchtet haben, die wir aber durch Verdrängung oder durch gute Vorsätze alleine nicht vermeiden konnten. Wie in den dreißiger Jahren helfen uns die Idole Wirtschaftswachstum, Technik, Konsum und Wiederaufbau über das Erleben der Angst hinweg – so scheint es wenigstens.

Auch der Imperialismus unserer Zeit hat sich gegenüber dem Imperialismus der dreißiger Jahre umgekleidet. Deshalb ist er so schwer wiederzuerkennen. Die meisten Menschen denken immer noch in den alten Kategorien des Imperialismus und halten deshalb einen revanchistischen Versuch des Ostblocks, Westeuropa zu »erobern«, oder einen ebensolchen Versuch des Westens, die »Ostgebiete« zurückzugewinnen, für nötig oder für wahrscheinlich. Das Schlagwort »Volk ohne Raum« hat sich aber inzwischen verwandelt. Es heißt heute zum Beispiel »Volk ohne Energie«. Genauso wie damals dem deutschen Volk nicht wirklich der Raum fehlte, so wenig fehlt uns heute die Energie. Aber der implizite Schlachtruf »Volk ohne Energie« dient wie damals der Legitimation zur Machtergreifung, jetzt nicht mehr nur gegenüber den Nachbarvölkern und gegenüber der Dritten Welt, sondern auch und besonders gegenüber den zukünftigen Generationen. Damals verfielen Juden, Russen, Polen, Tschechen, Franzosen, die eigenen Soldaten dem Holocaust, weil die Mehrheit des deutschen Volkes glaubte, ein Herrenvolk zu sein, das die Lebensinteressen anderer Völker nicht zu berücksichtigen brauchte. Heute glaubt die Mehrheit der Bevölkerung in den Industrienationen, daß die »modernen und modernsten Staaten«, in denen sie leben, selbstverständlich ihren großen Energiebedarf auf Kosten der eigenen Umwelt und der Dritten Welt decken müssen. Aber der totalitäre Wahnsinn vernichtet damals wie heute nicht nur die anderen, sondern auch die eigene Bevölkerung und vor allem die eigenen Nachkommen. Die deutsche Industrie steht wieder »an der Spitze«, das Töten geschieht wie damals auch jetzt zum Teil industriell.

Dies alles ist nur möglich, weil heute wie damals keine lebendige und mitleidende Beziehung zwischen den Subjekten und den Objekten des Tötens besteht. Die euphorische Aufbruchstimmung in immer neue Dimensionen des Industriezeitalters verdeckt die politische Lethargie der einzelnen und der Massen. Es fehlt wie damals die Fähigkeit der Bevölkerung zur Antizipation, die Fähigkeit, die Art und die Folgen ihres Verhaltens zu verstehen. Ein »gütiger« Nebel hüllt uns ein, damit wir nicht sehen müssen, was wirklich ist: Es wird schon nicht so schlimm sein, wahrscheinlich passiert gar nichts. Wo kämen wir denn hin, wenn wir uns über alles aufregen sollten? Wir verlören ja unsere Handlungsfähigkeit, und die brauchen wir gerade jetzt, wenn die Gefahren vielleicht wirklich groß sind. Oder andererseits: Vielleicht ist alles noch viel schlimmer, als wir denken. Aber wir können – leider und Gott sei Dank – nichts tun als anklagen – die anderen.

Wenn wir nun im Nebel der vagen Ängste und Hoffnungen versinken, so ist das unter anderem auch die Folge oder Fortsetzung davon, daß wir und unsere Eltern damals schon nicht richtig *hingesehen* und erlebt haben, was wirklich war. Die Toten des Ersten Weltkriegs und zum Teil auch wieder des Zweiten Weltkriegs wurden als »heldische Opfer« gefeiert. Der Verlust in den beiden Kriegen wurde nicht ausreichend betrauert. Die Realität des Krieges war schon damals so entsetzlich, daß man ihn nur noch bagatellisieren, heroisieren oder als unausweichliche Notwendigkeit rationalisieren konnte. Die Angst vor dem Wiedererleben oder Nacherleben der Vergangenheit war nicht auszuhalten, und so blieben wir unfähig, uns auf die Realität einzulassen, auf die beziehungslose Grausamkeit, die zwischen Menschen möglich war und ist. Die Fähigkeit zu trauern ist die Fähigkeit, die Realität wahrzunehmen, sich auf die Realität einzulassen.

Um das Entsetzen nicht zu spüren, um die Angst vor Tod, Alter, Krankheit, vor dem beschämenden Absturz nicht zu erleben, wurde nach dem Ersten und nach dem Zweiten Weltkrieg eine Maschinerie des Aufbaus in Gang gesetzt, die von den Kräften der Enttäuschung und der Wut aber auch von der Angst vor Mord und Selbstmord angetrieben wurde. Diese Maschinerie ist deswegen so schwer anzuhalten, weil die ungelebten Gefühle der Angst, des Schreckens, der Kränkung und der Verzweiflung zutage träten, sobald sie stillstünde. Wenn man merkt, daß man die Vernichtung nicht mehr aufhalten kann, beginnt man, sie orgiastisch zu »feiern« und voranzutreiben. Das vermindert die Angst, da man in dem entsetzlichen Geschehen von der passiven in die aktive Rolle wechselt. (Diese orgiastische Heroisierung und die unaufhaltsame Steigerung von Mord und Selbstmord ist derzeit im Iran gut zu beobachten.) Die umgewandelte Verzweiflung führt dazu, daß jede Hilfe abgelehnt, jeder Kontakt abgeschnitten wird. Die Enttäuschung vieler Deutscher darüber, sinnlos »verheizt« worden zu sein, gelitten zu haben für eine Niederlage, getötet zu haben, ohne dafür durch den »Endsieg« anerkannt und gelobt zu werden, wird in einer suizidalen Phantasie überwunden. Die Verzweiflung über die Sinnlosigkeit der eigenen Leiden und der eigenen Verbrechen wird voluntaristisch verklärt: All' das wollten wir; wir konnten ja gar nicht anders; wir wollen auch jetzt alles, was wir tun. Damals wie heute können wir nicht aufhören, Krieg zu führen gegen die Umwelt, gegen die Dritte Welt, gegen die Schwachen. Wir träumen vom Aufschwung, doch oft scheint es, als könnte nur noch der »Zusammenbruch« (unserer Wirtschaft) den Frieden mit der Natur, mit unseren »Feinden«, mit der Dritten Welt und schließlich mit uns selbst ermöglichen.

Die Krankheit, die ich hier beschreibe, gleicht einer schweren Depression, die im Gegensatz zur Trauer insbesondere darin besteht, daß die Realität nicht wahrgenommen und vor allem nicht erlebt wird. Das Grundgefühl der Depression ist die Verzweiflung, weil der Kontakt zu den Mitmenschen und zur Realität verloren ist. Ein verzweifeltes Um-sich-Schlagen ist die Folge, ein Nicht-aufhören-Können, sich selbst und andere zu zerstören. Die Verzweiflung muß aber nicht immer bewußt erlebt werden. Sie kann sich auch in optimistischen Machtgebärden verstecken, die dann andere zur Verzweiflung bringen. Die narzißtische Persönlichkeit oder der Narzißmus als Volkscharakter macht es möglich, alles Schlechte, alle Angst nach außen zu verschieben und nach dem Prinzip »nach mir die Sintflut« oder »außerhalb von mir die Sintflut« zu leben.

Weil und soweit die Ereignisse des Dritten Reiches nicht trauernd erlebt und nacherlebt wurden, wiederholen sich auch die alten Feindbilder. Das Böse, Bedrohliche scheint von außen zu kommen: die Kommunisten und die »jüdische Weltverschwörung« als alte Feinde der Nationalsozialisten und als neue Feinde des kapitalistischen Westens. Die jüdischen und bolschewistischen »Untermenschen« sind noch heute für viele Mitbürger das Bedrohungspotential schlechthin. Sie werden phantasiert als gewalttätiger Mob, der den Besitzenden entreißen will, was diese sich »rechtmäßig« erworben haben. Eine Auseinandersetzung mit Marxismus und Judentum fand in der breiten Bevölkerung bisher nicht statt. Heute kommt noch ein neues Feindbild dazu: die »Nazis« oder die als Wiederauflage der Nazis verstandenen Minderheiten. Feindbilder behindern den »Umgang«, die Auseinandersetzung mit den Feinden. Wer sich nicht mit seinen Feinden auseinandersetzt, wer sie nicht als Konfliktpartner »berührt«, der rüstet sie auf und trägt so zur Eskalation der Gewalt bei. Heute wie damals fehlt die Auseinandersetzung mit den Gefühlen, Wünschen und Zielen der damaligen und heutigen »Terroristen«.

Der kollektive Narzißmus zur Abwehr gegen depressive Gefühle trägt ähnliche Züge wie beim Übergang von der Weimarer Republik zum nationalsozialistischen Staat. Ein narzißtischer Mensch kann es nur schwer aushalten, daß andere anderer Meinung sind als er selbst. Er fühlt sich dadurch zu sehr infrage gestellt, sein labiles Gleichgewicht ist leicht bedroht. So ist die kollektive Unfähigkeit zur Demokratie damals und jetzt zu verstehen. Demokratisches Bewußtsein ist mit narzißtischer Depressionsabwehr nicht zu vereinbaren. Die Fähigkeit zur Demokratie besteht darin, aus der »Artenvielfalt« der Wünsche, Ängste und Meinungen gemeinsame Lösungen zur Verbesserung der Lebensqualität entstehen zu lassen. Gerade die Artenvielfalt der Meinungen ist aber für narzißtische Menschen schwer auszuhalten. Sie wissen dann nicht mehr, was richtig und was falsch, was oben und was unten ist. So war der erste Versuch einer Demokratie in Deutschland, die Weimarer Republik, zum Scheitern verurteilt, weil die deutsche Bevölkerung – vor allem unter dem Druck der Wirtschaftskrise – nicht fähig war, die Vielfalt der Meinungen auszuhalten. Man kehrte nach kurzen ängstlichen Versuchen zurück zur Idealisierung eines Führers, zu Recht, Ordnung und klaren hierarchischen Verhältnissen.

Viele Mitmenschen fürchten heute wie damals »Weimarer Verhältnisse« und neue Ansätze von Basisdemokratie, weil ihnen diese Versuche im Gegensatz zur Ordnung durch eindeutige Mehrheitsverhältnisse zwischen wenigen Großparteien chaotisch erscheinen. Zwar glaube ich, daß die Fähigkeit zu demokratischen Beziehungen im deutschen Volk seit damals zugenommen hat, doch scheint es mir wichtig, die heutigen Ängste vor der »Unordnung« parallel zu den damaligen Ängsten vor dem Chaos zu verstehen. Demokratie muß nicht an sich Angst machen, sie macht uns nur in dem Maße Angst, wie wir unser persönliches Gleichgewicht durch die andere Meinung unserer Mitmenschen bedroht fühlen.

Wer es nicht aushält, sich selbst im Konflikt zu anderen zu erleben, drängt zum Konformismus, das heißt, er schließt sich entweder stillschweigend der Mehrheitsmeinung an, oder er versucht mit Gewalt andere zur Nachfolge zu zwingen. Die scheinbar friedliche Nachfolge ist aber nur möglich, wenn der zwischen den Verbündeten bestehende Konfliktstoff auf einen gemeinsamen Feind projiziert wird. Dann ist auch die »Verliebtheit« in den gemeinsamen Führer oder in das gemeinsame Ideal möglich[9]. Dem deutschen Volk wurde 1945 dieser Führer genommen. Natürlich konnte sich dadurch nicht über Nacht die psychische und psychosoziale Notwendigkeit auflösen, Konflikte innerhalb der Gemeinschaft durch Projektion von Feindbildern und Idealisierung von Führern und von deren Ideen auszuschalten. So traten an Stelle des »Führers« ziemlich schnell die Sieger, vor allem die Amerikaner. Wenn man sich mit den Siegern identifizierte, konnte man gleichzeitig sein Gewissen entlasten und den Traum vom »Endsieg« weiterträumen – jetzt auf der anderen Seite. *Ein* Feind, der Kommunismus, konnte im neuen Lager beibehalten werden.

Was trotz der neuen demokratischen Verfassung nach dem Zusammenbruch blieb, war ein sadomasochistisches Verhältnis des Volkes zu den neuen Führern in Ost und West. Die gläubige Abhängigkeit von populistischen Führern, die zum Zweck des Machterhalts Optimismus um jeden Preis verbreiten, hat selbstzerstörerische Qualitäten. Denn falscher Optimismus ist gefährlicher als realistischer Pessimismus. Wir haben noch eine (hoffentlich) lange gemeinsame Entwicklung vor uns, bis wir als Individuen und im Kollektiv fähig sein werden, unterschiedliche Wünsche, Ängste und Überzeugungen auszuhalten, ohne sie im Bewußtsein verdrängen oder durch äußere Gewalt unterdrücken zu müssen. Die Idealisierung eines »freien Landes« wie der USA hatte noch nicht zur Folge, daß wir selbst innerlich frei wurden.

Erinnern heißt verändern

Neben den vielen Hinweisen auf Wiederholungen der Vergangenheit in unserer Zeit gibt es auch zahlreiche Ansätze, in denen Veränderungen möglich waren und möglich sind. Eine gesunde Vergangenheitsbewältigung geschieht nach Freuds Erkenntnis im »Erinnern, Wiederholen und Durcharbeiten«[10] und zwar in vielen kleinen Schritten. Die Größe dieser Schritte entspricht der Angst vor dem Wiedererleben der damaligen Schrecken. Ist die Angst sehr groß, dann sind die Schritte sehr klein. Der Antrieb für die Schritte auf diesem Weg der Vergangenheitsbewältigung kommt aus dem Leidensdruck, und das heißt: Das Leiden unter dem Status quo ist größer als die Angst vor der Veränderung.

Lange Zeit war dieser Leidensdruck durch unser wirtschaftliches Wohlergehen vermindert. Wir aßen und verbrauchten, um die Schrecken der Vergangenheit und damit gleichzeitig die Schrecken der Zukunft nicht sehen zu müssen. Allmählich lassen sich das Unbehagen an der Gegenwart und die Angst vor der Zukunft immer weniger beiseite schieben. Das ist der Zeitpunkt, zu dem sich Einzelpersonen oft in psychoanalytische Behandlung begeben. Die eigenen Verdrängungsmechanismen werden als Fessel erlebt, die ein besseres Leben oder auch das Überleben behindern.

Um sich auf den schmerzvollen Prozeß der Erinnerung und des Wiedererlebens einlassen zu können, ist es nötig, daß man sich einigermaßen sicher fühlt, nicht schuldig gesprochen zu werden, heute nicht abgelehnt zu werden wegen des Verhaltens und vor allem wegen der Gefühle von damals. Wir hören immer wieder, wie Väter, die als Soldaten im Krieg waren oder mehr oder weniger aktiv am damaligen Geschehen beteiligt waren, ihre Kinder schlugen oder sich wortlos abwandten, als diese zum ersten Mal die Frage zu stellen wagten: »Hast *du auch* jemanden getötet?« Die Angst vor der Schuld und die Angst vor dem Wiedererleben der damaligen Schrecken läßt die Eltern verstummen und bringt auch die Kinder zum Schweigen. So wird die Gewalt und die Angst vor der Gewalt unverändert von einer Generation an die andere weitergegeben – solange Erinnerung und Trauer nicht zugelassen werden.

Ob die Gefahr besteht, daß die damaligen »Täter« jetzt schuldig gesprochen werden, hängt weniger von ihrer »objektiven Schuld« ab als von unserer Angst vor der Wiederholung hier und jetzt. Ist diese Angst zu groß, dann können wir die vollständige Erinnerung nicht zulassen. Statt dessen »sitzen wir moralisch zu Gericht«. Wir unterscheiden in Schuldige und Nicht-Schuldige. Die Eltern sind schuldig oder die Vorgesetzten oder »die Nazis«, usw. Dieses Zu-Gericht-Sitzen mindert zwar die Angst, es verhindert aber auch die Veränderung. Denn Veränderung ist nur möglich, wenn sich das Bewußtsein verändert, und das heißt: wenn die Vergangenheit in der Gegenwart wiederhergestellt wird, vollständig, auch emotional mit allen bis dahin unbewußt gebliebenen Anteilen.

Wie schwer es ist, die verdrängten Anteile aus der Zeit des Dritten Reiches *emotional* wiederzuerleben, kann jeder selbst empfinden, wenn er versucht, sich in die Angst und das Entsetzen der Menschen in den KZs, an der Front oder auch in den Luftschutzkellern einzufühlen – ohne dabei zu Gericht zu sitzen. Die Erinnerung verändert nur dann das Bewußtsein und in der Folge auch das Verhalten, wenn wir nicht bei der »Gerichtsverhandlung« bzw. der Schuldzuschreibung stehenbleiben, sondern unsere Menschlichkeit zurückgewinnen, indem wir die damaligen Menschen, Opfer wie Täter, als Mitmenschen sehen, mit Trauer und Schmerz über das, was sie erlitten, und das, was sie taten.

In fast allen Religionen gibt es die Vorstellung von Buße als dem Bemühen um die Wiederherstellung eines ungestörten Verhältnisses zwischen der Gottheit und den Menschen. Wo sie nur als Strafe für Schuld oder als Bestrafung von Schuldigen gesehen wird, wird Buße zu einem Instrument von Herrschaft. Dann bleiben nur noch Sack und Asche, Scham und Schuld für die »armen Sünder«, die sich verständlicherweise gegen diese Behandlung wehren, solange es geht. Wo aber die Buße in ihrer ursprünglichen Bedeutung von »Nutzen, Vorteil und Besserung« verstanden wird, ist sie eine Chance zur Veränderung, zur Vermenschlichung unmenschlich gewordener Beziehungen. Trauer und Schmerz über die Ereignisse in der Vergangenheit können uns heute aus dem Zwang zur moralisierenden Trennung zwischen Opfern und Tätern befreien und uns helfen, uns selbst und unsere Eltern und Großeltern besser zu verstehen.

Solange wir unsere Eltern als Verursacher unseres Unglücks beschuldigen müssen, so lange schneiden wir uns gleichzeitig die eigenen Wurzeln ab. Um nicht von *diesen* Eltern abzustammen, um nicht mit ihnen zusammen schuldig zu sein, versuchen wir, uns neue, bessere Wurzeln zu erschaffen: saubere, heroische. Daraus entsteht eine Pseudopersönlichkeit, die in ihren Aktionen und Reaktionen steril ist und dem Zwang zur Wiederholung der Szenen ihrer Vorfahren ausgeliefert bleibt. Nur wer seine wirklichen Wurzeln anerkennt, mit allen damit verbundenen Ängsten, Hoffnungen, Ideologien, Verbrechen und Veränderungswünschen, ist fähig, die Spaltung in Gut und Böse aufzulösen und das Grundbedürfnis, *alle* seine Mitmenschen zu lieben und von ihnen geliebt zu werden, wiederzufinden.

Die derzeit wiederholt geforderte »Historisierung des Nationalsozialismus«[11] könnte uns, wie ich gezeigt habe, herausführen aus der krampfhaften Distanzierung vom »Bösen« des Dritten Reiches und uns gleichzeitig die Augen öffnen für die Gefahren und Möglichkeiten unserer Gegenwart. Wir müßten nicht mehr hin- und herschwanken zwischen den Extrempositionen: die Bundesrepublik Deutschland als bestes, fortschrittlichstes und freiestes Land, oder: die Bundesrepublik Deutschland als schlechtestes Land, als Land des Nationalsozialismus, als Atomstaat, als

Land der Arbeitslosen und der Ausbeuter von Natur und Dritter Welt. Geschichtsverfälschung und Gegenwartsverfälschung hängen zusammen, weil alles, was in der Vergangenheit verdrängt wurde, in der Gegenwart nicht gesehen und unbewußt wiederholt wird. Wir könnten uns auf unsere gegenwärtige Verletzbarkeit und Unsicherheit besser einlassen, wenn wir die Erfahrungen des Dritten Reiches nicht als einen unglücklichen Ausnahmezustand oder als Produkt böser »Irrer« verstünden, sondern als eine immer bestehende Gefahr, zum Beispiel unter dem Deckmantel der Arbeitsbeschaffung und des wirtschaftlichen Aufstiegs in unmenschliche Beziehungsstrukturen zu geraten.

Diese Art der »wertfreien« Betrachtung der eigenen Geschichte wird nur möglich, wenn die bisher vermiedenen Gefühle wieder zugelassen werden. Der »aufrechte Gang« entsteht nicht durch das Heraustreten aus dem Schatten der Geschichte, sondern durch die sachliche *und* emotionale Beschäftigung mit der Vergangenheit, durch das Akzeptieren der eigenen, wenn auch traurigen und schmerzlichen Wahrheit. Man verliert dabei das Gefühl von Überlegenheit und den Glauben an den permanenten Fortschritt. Man gewinnt dabei Selbstbewußtsein, ein Bewußtsein seiner Selbst, das viel weniger labil ist als das Bewußtsein einer auf Geschichtsfälschung aufgebauten Pseudopersönlichkeit.

Wenn Trauerarbeit eine ständige Annäherung an die Realität ist, dann geschieht diese Annäherung nicht nur an die Realität der Vergangenheit, sondern auch an die Realität der Zukunft. Die Überschätzung der eigenen Möglichkeiten in dem vom Deutschland des »Dritten Reiches« geführten Krieg an allen Fronten war eine Folge der fehlenden Trauerarbeit in bezug auf die Niederlage im Ersten Weltkrieg. Diese Niederlage war nur mit Scham erlebt und unfähigen Führern oder bösartigen Feinden als Schuld zugeschrieben worden. Wären Trauer und Schmerz zugelassen worden, dann hätte das zur

Vermeidung der Wiederholung, zur realistischen Einschätzung der eigenen Kräfte geführt. So mußte das Töten und Getötetwerden in noch viel schrecklicherer Form wiederholt werden. Die narzißtische Kränkung forderte den Ausgleich, die Rache und führte zur Überschätzung der eigenen Größe. Ich glaube, wir sind heute wieder in der Gefahr, das Töten und den kollektiven Selbstmord in noch einmal gesteigerter Form zu wiederholen, weil wir unsere Kräfte und Abhängigkeiten falsch einschätzen.

Die Realität der Gefahren (Hochrüstung, Kernenergie, Umweltzerstörung) können wir nur sehen, wenn wir nicht in einem machtpolitisch-angstabweisenden Wunschdenken befangen, sondern fähig sind, Sorge zu tragen für uns und unsere Nachkommen. Die Lebenswünsche, der Mut und die für Veränderungen nötige Kreativität können nur auftauchen, wo ein Gefühl von Betroffenheit und ein Verständnis für die eigene Bedeutung in der Geschichte der Menschheit zugelassen werden. Andererseits sind Angst und Verzweiflung nur auszuhalten, wo Auswege oder Überlebenschancen zu sehen sind. So kehrt bei der Trauerarbeit immer beides zusammen wieder: die Angst und der Mut.

Aber Trauerarbeit macht eben auch Angst. Jede Revolution, jede Veränderung bisheriger Denk- und Gesellschaftsstrukturen macht Angst. Die Revolution der Trauerarbeit besteht nicht darin, daß die bisher Unterdrückten jetzt endlich an die Macht kommen, daß also die Herrschaftsverhältnisse nur umgekehrt werden. Die Revolution der Trauerarbeit beruht auf der schrittweisen Auflösung der Spaltung zwischen Gut und Böse, zwischen Freund und Feind. Das macht es nötig, sich vollständig (und immer wieder) neu zu orientieren. Die alte Orientierung bestand in der Trennung von Tätern und Opfern. Das diente dazu, daß jeder sich selbst jeweils zu den Guten, und das sind zumeist die Opfer, zählen konnte. Die Auflösung dieser Spaltung hat mit falschem

Pazifismus nichts zu tun. Es geht vielmehr um eine ehrliche, möglichst vollständige Begegnung mit der Realität und mit der Tatsache, daß Menschen nicht alles können, was sie können wollen, daß sie verletzbar, abhängig, aufeinander angewiesen und sterblich sind. Die Trauer über den Verlust der Größenphantasien führt zur Auflösung der Feindbilder.

Diese Veränderung ist derzeit deutlich zu sehen. Nicht nur im Westen, auch in der UdSSR kommt eine intensive Beschäftigung mit der Vergangenheit in Gang. Durch die damit verbundenen Veränderungen in der UdSSR relativiert sich das Feindbild »Kommunismus« bei uns. Gleichzeitig werden die USA, der bisherige »Führernachfolger«, entidealisiert. Das Bewußtsein der gegenseitigen Abhängigkeit breitet sich immer weiter aus. Es wird vielen Menschen bewußt, daß aus dem Schatten der Vergangenheit herauszutreten nicht heißt, die Vergangenheit beiseite zu schieben oder idealistisch zu verfälschen, sondern die alten Feinde zu neuen Freunden zu machen und die alten »Freunde« zu entidealisieren, das heißt, eine freiere und damit auch freundschaftlichere Beziehung zu ihnen aufzunehmen.

Dieser Vorgang braucht Zeit. Es müssen Ungeheuerlichkeiten als wirklich geschehen und als in der Zukunft prinzipiell wiederholbar erlebt werden. Der einzelne muß sich vorstellen können, daß er potentieller Täter und potentielles Opfer von Vernichtung ist. Aus dem veränderten Verständnis von Vergangenheit und Gegenwart entsteht aber auch ein neuer Sinn für unser Leben: Wir können uns an der Trauerarbeit und damit an der Veränderung beteiligen, die uns vielleicht noch retten kann.

Anmerkungen

1. Kapitel

1 Erich Fromm (1976): Haben oder Sein. Die seelischen Grundlagen einer neuen Gesellschaft. Stuttgart (dvu). Original: To have or to be? New York (Harper & Row).
2 Mario Erdheim und Maya Nadig (1979): Größenphantasien und der soziale Tod. Kursbuch 58, S. 115-126.
3 vgl. Frieder Wölpert (1983): Sexualität, Sexualtherapie, Beziehungsanalyse. München (Urban & Schwarzenberg).
4 Josef Weizenbaum (1987): Kurs auf den Eisberg. Die Verantwortung des Einzelnen und die Diktatur der Technik. München (Piper).

2. Kapitel

1 Ulrich Beck (1986): Risikogesellschaft. Auf dem Weg in eine andere Moderne. Frankfurt/M. (Suhrkamp).
2 Mario Erdheim (1982): Die gesellschaftliche Produktion von Unbewußtheit. Eine Einführung in den ethnopsychoanalytischen Prozeß. Frankfurt/M. (Suhrkamp).
3 Mario Erdheim (1983): Das Elend der Mächtigen. In: Die Seele und die Politik. Weinheim (Beltz). Psychologie heute, Sonderband, S. 24-30.
4 Ulrich Beck: Risikogesellschaft, a.a.O., S. 372.
5 ebenda.

6 ebenda.
7 Sigmund Freud (1930): Das Unbehagen in der Kultur. GW. Bd. XVI, S. 233-236.
8 Ernst Friedrich Schumacher (1977): Die Rückkehr zum menschlichen Maß. Alternativen für Wirtschaft und Technik. Reinbek (Rowohlt). Original: Small is Beautiful. A Study of Economics as if People Mattered. London (Blond & Briggs) 1973.
9 vgl. Alexander Roßnagel (1983): Bedroht die Kernenergie unsere Freiheit? München (Beck);und: Günther Anders (1983): Die atomare Drohung. München (Beck).
10 Alexander Roßnagel (1984): Radioaktiver Zerfall der Grundrechte? München (Beck).
11 Lutz Wicke (1986): Die ökologischen Milliarden. Das kostet die zerstörte Umwelt, und so könnten wir sie retten. München (Kösel).

3. Kapitel

1 Die meisten Zitate zu diesem Thema stammen aus: »Da verstümmelt sich eine Generation« in: Der Spiegel Nr. 25/1987, S. 88-107.
2 Eine ausgezeichnete Zusammenfassung der psychotherapeutischen Möglichkeiten bei Alkoholismus aus psychoanalytischer Sicht ist zu finden bei: Wolf-Detlef Rost (1987): Die psychoanalytische Theorie und Therapie des Alkoholismus. Stuttgart (Klett-Cotta).
3 Süddeutsche Zeitung, 18. Juni 1987.

4. Kapitel

1 Carlo Schmid (o.J.): Demokratie – die Chance, den Staat

zu vermenschlichen. Sonderbeitrag in: Meyers Enzyklopädisches Lexikon in 25 Bänden. 1980, S. 409-415.

2 vgl. Thea Bauriedl (1986): Das Persönliche ist politisch. In: Dies.: Die Wiederkehr des Verdrängten. Psychoanalyse, Politik und der einzelne. München (Piper).

3 vgl. Thea Bauriedl (1986): Die Wiederkehr des Verdrängten, a.a.O.

4 G.W.F. Hegel, zumeist in dieser Form zitiert aus: Phänomenologie des Geistes, Theorie-Werkausgabe, Bd. 3, S. 146. Der Originaltext lautet: »Diese Bewegung des Selbstbewußtseins in der Beziehung auf ein anderes Selbstbewußtsein ist aber auf diese Weise vorgestellt worden als *das Tun des Einen*; aber dieses Tun des Einen hat selbst die gedoppelte Bedeutung, ebensowohl *sein Tun als auch das Tun des Anderen* zu sein.« (Hervorhebung im Original).

5 vgl. Thea Bauriedl: Die Wiederkehr, a.a.O., S. 208.

6 vgl. Thea Bauriedl: Die Wiederkehr, a.a.O. , insbes. Kap. 4-6.

7 ebenda.

8 Gemeint ist hier die Ideologiekritik im Sinne der »Frankfurter Schule« (insbes. Th.W. Adorno und M. Horkheimer).

5. Kapitel

1 Der Spiegel Nr. 36/1987, S. 106 f.

2 Die Diskussion wurde zusammengefaßt in: Günther Anders (1987): Gewalt – ja oder nein. Eine notwendige Diskussion. (Hrsg. Manfred Bissinger). München (Knaur).

3 A.a.O., S. 17.

4 A.a.O., S. 23.

5 A.a.O., S. 24.

6 a.a.O., S. 24.
7 a.a.O., S. 32.
8 Hark Bohm, a.a.O., S. 39.
9 Hans-Christoph Buch, a.a.O., S. 41.
10 Mahatma Gandhi, a.a.O., S. 57.
11 Ulrich Klug, a.a.O., S. 60.
12 Rupert von Plottnitz, a.a.O., S. 68.
13 Helmut Schauer, a.a.O., S. 74.
14 Hans Schuierer, a.a.O., S. 77.
15 vgl. Thea Bauriedl und Frieder Wölpert (1984): Vermiedene Konflikte führen zum Krieg. Psychologie heute, Sonderheft: Warum nicht Frieden? S. 26-35; und: Thea Bauriedl (1985): Die Fähigkeit zum Frieden als Fähigkeit zum Konflikt. In: Thea Bauriedl (1985): Psychoanalyse ohne Couch. München (Urban & Schwarzenberg); und: Thea Bauriedl (1986): Die Wiederkehr des Verdrängten. Psychoanalyse, Politik und der einzelne. München (Piper).
16 Heinrich Albertz (1986): Die Moral. In: natur, Nr. 8/1986, S. 28-30.
17 ebenda.

6. Kapitel

1 vgl. Mario Erdheim (1982): Die gesellschaftliche Produktion von Unbewußtheit. Eine Einführung in den ethnopsychoanalytischen Prozeß. Frankfurt/M. (Suhrkamp).
2 Sigmund Freud (1938): Die psychoanalytische Technik. Studienausgabe (Fischer), Ergänzungsband, S. 417.
3 Immanuel Kant (1783): Antwort auf die von der Berliner Monatsschrift gestellte Frage: Was ist Aufklärung?
4 Erich Fried (1984): Beunruhigungen. Quartheft Nr. 129. Berlin (Wagenbach).

5 vgl. Anm. Nr. 3.

7. Kapitel

1 Alexander und Margarete Mitscherlich (1967): Die Unfähigkeit zu trauern. München (Piper).
2 ebenda.
3 a.a.O., S. 9.
4 »Historiker-Streit« (1987). Eine Dokumentation der Kontroverse um die Einzigartigkeit der nationalsozialistischen Judenvernichtung. München (Piper).
5 Ernst Nolte (1980): Zwischen Geschichtslegende und Revisionismus? Das Dritte Reich im Blickwinkel des Jahres 1980. In: »Historiker-Streit«, a.a.O, S. 17.
6 Ernst Nolte (1986): Vergangenheit, die nicht vergehen will. Eine Rede, die geschrieben, aber nicht gehalten werden konnte. In: »Historiker-Streit«, a.a.O., S. 39-47. Original: Frankfurter Allgemeine Zeitung, 6. Juni 1986.
7 a.a.O., S. 45.
8 Jürgen Habermas (1986): Eine Art Schadensabwicklung. Die apologetischen Tendenzen in der deutschen Zeitgeschichtsschreibung. In: »Historiker-Streit«, a.a.O., S. 62-76. Original: Die Zeit, 11. Juli 1986.
9 vgl. Sigmund Freud (1921): Massenpsychologie und Ich-Analyse. Studienausgabe, Bd. IX. Frankfurt/M. (Fischer).
10 Sigmund Freud (1914): Erinnern, Wiederholen und Durcharbeiten. Studienausgabe, Ergänzungsband. Frankfurt/M. (Fischer).
11 vgl. auch H. Graml und K.-D. Henke (Hrsg.) (1986): Nach Hitler. Der schwierige Umgang mit unserer Geschichte. Beiträge von Martin Broszat. München (Oldenbourg).

Thea Bauriedl
Die Wiederkehr des Verdrängten

Psychoanalyse, Politik und der Einzelne
250 Seiten. Kt.

Was verdrängt ist, scheint nicht mehr da zu sein. Wenn wir unsere Angst verdrängen, sind wir scheinbar von ihr frei; wenn wir unsere Wünsche verdrängen, können wir scheinbar unabhängig von unseren Bedürfnissen handeln. Eine wichtige These der Psychoanalyse ist aber, daß das Verdrängte nicht wirklich verschwunden ist, sondern in anderer Form wiederkehrt. Je gewaltsamer der Verdrängungsvorgang, desto bedrohlicher und gefährlicher sind die Auswirkungen der »Wiederkehr des Verdrängten«. Diese Grunderfahrung der Psychoanalyse überträgt die Autorin auf die Gesellschaft. Sie versteht dabei »Das Verdrängte« in einem sehr weiten Sinn. Die »Nebenprodukte« unserer Technik, die uns und unsere Umwelt vergiften, sind ebenso gemeint wie ausgegrenzte psychisch Kranke und Behinderte, unterdrückte politische Minderheiten, die »stummen« Mehrheiten in unserer Demokratie wie schließlich die Atombombe als extremer Ausdruck verdrängter kollektiver Angst.
Gegenwärtig kehren viele der verdrängten Abhängigkeiten gewaltsam in unser Bewußtsein zurück. Es wird uns bewußt, daß wir mit unseren modernsten Waffen keinen Krieg mehr führen können, ohne uns selbst zu zerstören. Unsere Technik hinterließ und hinterläßt Giftstoffe, die uns und unsere Nachkommen unvorstellbar lange Zeit bedrohen werden. In hohem Ausmaß sind unsere Nahrungsmittel vergiftet oder – wie das Trinkwasser – von Vergiftung bedroht. Thea Bauriedl appelliert an ihre Leser, die »ganze« Wirklichkeit zu sehen, die Wiederkehr des Verdrängten anzunehmen und als Chance wahrzunehmen. Je frühzeitiger das Unterdrückte, die »Minderheiten« in uns, die »Abfallprodukte« im weitesten Sinn wieder wahrgenommen und angenommen werden, desto größer ist die Chance für Veränderungen, die lebenserhaltend sind.
Die Autorin hat sich bereits mit Veröffentlichungen im Bereich der Psychoanalyse einen Namen gemacht und ist in letzter Zeit gesuchte Referentin in Politikergremien und im Bereich der Ökologie und Friedensbewegung.

Historikerstreit

Die Dokumentation der Kontroverse um die Einzigartigkeit der nationalsozialistischen Judenvernichtung

Texte von Rudolf Augstein, Karl Dietrich Bracher, Martin Broszat, Micha Brumlik, Walter Euchner, Joachim Fest, Helmut Fleischer, Imanuel Geiss, Jürgen Habermas, Hanno Helbling, Klaus Hildebrand, Andreas Hillgruber, Eberhard Jäckel, Jürgen Kocka, Robert Leicht, Richard Löwenthal, Christian Meier, Horst Möller, Hans Mommsen, Wolfgang J. Mommsen, Thomas Nipperdey, Ernst Nolte, Joachim Perels, Hagen Schulze, Kurt Sontheimer, Michael Stürmer, Heinrich August Winkler. 397 Seiten. Serie Piper 816

Seit der »Kriegszieldiskussion« der sechziger Jahre über die Politik des Deutschen Reiches im Ersten Weltkrieg hat wohl kein geschichtliches Thema die Öffentlichkeit so beschäftigt wie die im vergangenen Jahr aufgebrochene Kontroverse über die Frage der Einzigartigkeit der nationalsozialistischen Judenvernichtung. Wie ist die Ermordung von Millionen Juden geschichtlich einzuordnen – als ein Verbrechen, wie es vergleichbar in der Geschichte auch anderswo und zu anderen Zeiten stattgefunden hat, oder als einzigartiges, unvergleichliches Geschehen? Seit Jürgen Habermas mit seiner Kritik an Andreas Hillgrubers und Ernst Noltes Thesen die Debatte eröffnete, haben sich eine Reihe von Historikern zu Wort gemeldet, haben Partei ergriffen, neue Akzente gesetzt und die Problematik vertieft. Der vorliegende Band kann für sich in Anspruch nehmen, die entscheidenden Beiträge zu versammeln und so der Öffentlichkeit ein vollständiges, unparteiisches und die wesentlichen Aspekte berücksichtigendes Bild dieser wichtigen geschichtlichen Diskussion zu bieten, in der es nicht nur um das Verhältnis der Deutschen zu ihrer jüngsten Geschichte, sondern auch zu ihrer Gegenwart geht.
